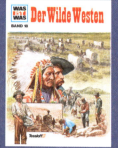     

 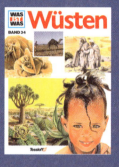    

   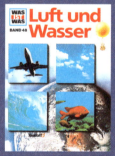  

   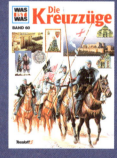 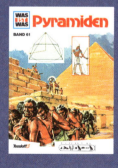 

 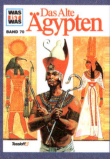   

Weitere Titel siehe letzte Seite.

Michael Kemmerling

Ein  Buch

Die Zeit

Von Dr. Erich Übelacker

Illustriert von Frank Kliemt
und Dieter Müller

„Was ist Zeit? Wenn mich niemand danach gefragt,
so weiß ich es. Will ich es aber dem Frager erklären,
so weiß ich es nicht."
Augustinus (354–430 n. Chr.)

Vorwort

Für jeden von uns spielt die Zeit eine wichtige Rolle. Unentwegt begegnen uns Begriffe wie Arbeitszeit, Zeitalter, Sommerzeit und Zeitgeschichte. Aber niemand kann genau sagen, was Zeit eigentlich ist. Die größten Wissenschaftler und Philosophen haben sich über dieses Problem Gedanken gemacht. Nach Einstein, dem Schöpfer der Relativitätstheorie, ist die Zeit ein Maßstab, in dem wir die Ereignisse vor- und hintereinander anordnen können. Ein anderes Mal soll er einfach gesagt haben: »Zeit ist das, was man auf der Uhr abliest«. Die schönste Äußerung zu unserer Frage stammt vom Kirchenvater Augustinus: »Was ist die Zeit? Werde ich danach gefragt, so weiß ich es. Will ich es aber dem Frager erklären, so weiß ich es nicht.«

So schwer die Zeit zu definieren ist, so sehr bestimmt sie unser tägliches Leben. Dieses Buch erklärt, welche regelmäßig wiederkehrenden Himmelserscheinungen Ordnung in unser Dasein bringen, aber auch wie vielfältig die Bemühungen unserer Vorfahren waren, Kalender aufzustellen. Die Zeitmessung hat in letzter Zeit enorme Fortschritte gemacht. Früher war man auf Sonnen- und Pendeluhren angewiesen, heute verfügen wir über Atomuhren, die erst nach einer Million Jahren um eine Sekunde falschgehen würden. Die Atomphysiker können unvorstellbar kleine Zeitspannen messen, auf der anderen Seite rechnen die Astronomen mit Jahrmilliarden.

Die Biologen haben herausgefunden, daß Mensch und Tier innere Uhren besitzen, die ihre Lebensabläufe steuern, aber auch, daß man die frühen und späten Lebensjahre verschieden lang empfindet.

Zu den wichtigsten Erkenntnissen unseres Jahrhunderts gehört die Tatsache, daß es gar keine vom Beobachter unabhängige absolute Zeit gibt. Wenn für einen Raumfahrer in einem gedachten sehr schnellen Raumschiff 2 Jahre vergehen, dann wird sein Zwillingsbruder auf der Erde 30 Jahre älter. Auch in großen Schwerefeldern, zum Beispiel in der Nähe der geheimnisvollen Schwarzen Löcher, läuft die Zeit langsamer. Für ein Lichtteilchen gibt es gar keine Zeit.

Viele Wissenschaftler nehmen an, daß die Zeit einen Anfang und ein Ende hat. So soll es vor der Weltentstehung, dem sogenannten Urknall, überhaupt keine Zeit gegeben haben. Auch diese Grenzfragen werden in diesem Buch kurz behandelt, obwohl hier das letzte Wort noch nicht gesprochen ist. Im Zentrum sollen jedoch die für das alltägliche Leben wichtigen Begriffe wie Kalender, Uhr, Schaltjahr und Sommerzeit stehen.

Erich Übelacker

WAS IST WAS, Band 22

Dieses Buch ist auf chlorfrei gebleichtem Papier gedruckt.

Bildquellennachweis:
Archiv für Kunst und Geschichte, Berlin: S. 26 o; Anthony Verlag, Starnberg (Weich): S. 32 l; Bavaria Bildagentur, Gauting: S. 32 r; Bildarchiv Preußischer Kulturbesitz, Berlin: S. 27; Hansen Planetarium, Salt Lake City (USA): S. 3, S. 19 o, S. 40 u; Kurt Henseler, Tübingen: S. 18 o und m; NASA, Washington D.C. (USA): S. 40 o; Okapia, Frankfurt a. M.: S. 44 u; Physikalisch-Technische Bundesanstalt, Braunschweig: S. 37 u, S. 38 o, S. 39 o; Transglobe, Hamburg: S. 8 o, S. 34 o; Planetarium Hamburg: S. 18 u, S. 40 u; Wilhelm Foerster Sternwarte, Berlin: S. 23; Wuppertaler Uhrenmuseum: S. 31, S. 33
Titelillustration: Manfred Kostka

Copyright © 1990, Tessloff Verlag, Burgschmietstraße 2–4, 90419 Nürnberg.
http://www.tessloff.com
Die Verbreitung dieses Buches oder von Teilen daraus durch Film, Funk oder Fernsehen, der Nachdruck, die fotomechanische Wiedergabe sowie die Einspeicherung in elektronischen Systemen sind nur mit Genehmigung des Tessloff Verlages gestattet.
ISBN 3-7886-0262-7

Inhalt

Das Uhrwerk des Himmels

Welche Naturerscheinungen ordnen den Zeitablauf?	4
Wie entstehen Tag und Nacht?	6
Was ist ein Jahr?	7
Wie kommen die Jahreszeiten zustande?	8
Was ist ein Monat?	9
Wie entstand die siebentägige Woche?	9
Warum hat ein Tag 24 Stunden?	11
Was versteht man unter wahrer und mittlerer Ortszeit?	12
Was versteht man unter der mitteleuropäischen Zeit?	12
Warum gibt es die Sommerzeit?	13
Was versteht man unter der Sternzeit?	14
Gibt es auch sehr lange natürliche Zeitperioden?	15

Der Kalender im Wandel der Zeiten

Was ist ein Kalender?	17
Wann entstand der erste Kalender?	18
Warum ist es so schwierig, einen Kalender aufzustellen?	20
Warum sind Mondkalender so verwirrend?	22
Wie ist der islamische Kalender aufgebaut?	22
Warum hatten die Alten Ägypter ein Sonnenjahr?	24
Was ist ein Schaltjahr?	26
Wann wurde das Schaltjahr eingeführt?	26
Warum war auch Cäsars Kalender falsch?	27
Wann entstand unser heutiger Kalender?	27
Setzte sich Gregors Kalender schnell durch?	28
Warum wurde die russische Oktoberrevolution im November gefeiert?	28
Wann wurde Jesus geboren?	28

Zeitmessung gestern und heute

Was ist eine Kerzenuhr?	30
Wie funktioniert eine Sanduhr?	31
Was ist eine Sonnenuhr?	32

Zeitmessung vor 4000 Jahren. Für dieses gewaltige Steinzeit-Kalenderwerk wurden tonnenschwere Felsblöcke 360 Kilometer weit transportiert.

Wie funktioniert eine Pendeluhr?	33
Welche wichtigen Teile findet man bei jeder Uhr?	35
Was ist eine Quarzuhr?	36
Wie funktioniert eine Atomuhr?	37
Wer legt die genaue Uhrzeit fest?	38
Wie alt ist der Mond?	39
Wann entstand das Weltall?	41

Zeitempfinden und Relativität

Haben wir eine innere Uhr?	42
Wann ist die Hälfte des Lebens vorbei?	43
Haben auch Tiere eine innere Uhr?	44
Gehen Uhren in einem schnellen Raumschiff langsamer?	45
Kann ich das Jahr 4000 erleben?	46
Schenkt mir ein Schwarzes Loch das ewige Leben?	47
Gab es einen Anfang der Zeit?	48
Gibt es ein Ende der Zeit?	48

3

Das Uhrwerk des Himmels

Welche Naturerscheinungen ordnen den Zeitablauf?

Die Zeit wird in Jahre, Monate, Wochen, Tage, Stunden, Minuten und Sekunden eingeteilt. Die Historiker rechnen mit Jahrhunderten, die Geologen mit Jahrmillionen. Nur drei dieser Zeiteinheiten lassen sich auf Himmelserscheinungen zurückführen: Jahr, Monat und Tag.

Besonders wichtig für das irdische Leben ist der Wechsel zwischen Helligkeit und dunkler Nacht. Schon der Urmensch erkannte, daß zwischen zwei Sonnenaufgängen oder -höchstständen immer etwa die gleiche Zeitspanne verging, die man »Tag« nannte. Sehr früh bemerkten unsere Vorfahren auch, daß der Mond nicht jede Nacht gleich aussieht und immer wieder für einige Zeit ganz vom Himmel

verschwindet. Manchmal ist er eine schmale Sichel, dann ist wieder Vollmond. Zwischen zwei solchen Vollmondstellungen liegen knapp 30 Tage. Auch diese Tatsache ist seit Jahrtausenden bekannt und war Grundlage für die Einführung eines weiteren wichtigen, naturgegebenen Zeitmaßes, des Monats.

Die riesigen Steinkreise von Stonehenge in Südengland beweisen, daß die Menschen vor rund 4000 Jahren schon große astronomische Kenntnisse hatten. So waren die extremen Auf- und Untergangspunkte des Mondes und der Sonne bekannt.

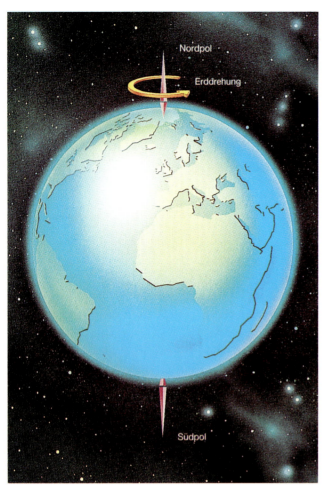

Die Erde dreht sich um ihre Achse, die Linie zwischen Nord- und Südpol.

Sehr bald erkannten die Menschen auch, daß sich etwa alle 365 Tage lebenswichtige Naturerscheinungen wie die Schneeschmelze im Norden oder die Nilschwemme in Ägypten wiederholen, und daß diese Vorgänge mit den regelmäßigen Höchst- und Tiefstständen der Sonne zusammenhingen. Zwischen zwei Frühlingsanfängen lag also immer der gleiche Zeitraum, das Jahr. Lange Jahrtausende hindurch allerdings war unbekannt, was sich eigentlich wirklich jährlich, monatlich und täglich am Himmel abspielt.

Wie entstehen Tag und Nacht?

Früher nahmen die Menschen an, die Sonne würde sich einmal täglich um die Erde drehen. Viele glaubten an einen Sonnengott, der am frühen Morgen im Osten erscheinen, mit seinem Wagen über den Himmel fahren und abends müde im Westen verschwinden sollte. In Wirklichkeit geht die Sonne gar nicht selbst auf und unter. Tag und Nacht kommen durch die Rotation der Erde zustande. Diese dreht sich etwa einmal in 24 Stunden um sich

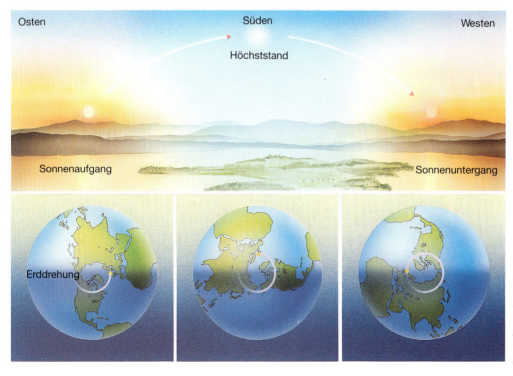

Die Erde dreht sich von West nach Ost. Dadurch wird uns vorgetäuscht, die Sonne würde sich von Ost nach West bewegen.

Unser Planet dreht sich einmal in rund 24 Stunden um sich selbst. Diese Bewegung nennt man Rotation. Für den Beobachter 1 geht die Sonne auf, für 2 ist Mittag, für 3 Sonnenuntergang und für 4 Mitternacht.

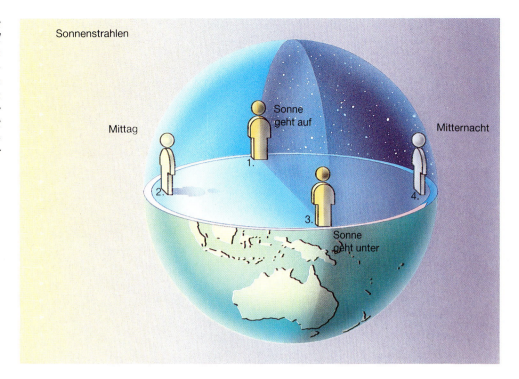

selbst, genau genommen um ihre Achse, die Linie zwischen Nord- und Südpol. Ein bestimmtes Land liegt dadurch einmal auf der Sonnenseite, dann wieder auf der Nachtseite. Morgens drehen wir uns der Sonne entgegen, bis sie am Osthorizont erscheint. Man sagt dann, sie gehe auf. Abends drehen wir uns von der Sonne weg, bis sie am Westhorizont verschwindet, also »untergeht«. Das Wort »Tag« hat in unserer Sprache zwei Bedeutungen. Man versteht darunter die helle Zeit, wenn die Sonne am Himmel steht, aber auch die volle Vierundzwanzigstundenperiode, die zwischen zwei Sonnenhöchstständen liegt. Diese Zeitspanne nennt man übrigends auch »Sonnentag«.

Was ist ein Jahr?

Die Erde dreht sich nicht nur um ihre Achse, sie umkreist auch auf einer großen, leicht ellipsenförmigen Bahn die Sonne. Die Zeit, welche unser Planet für einen solchen Umlauf benötigt, nennt man ein Jahr. Es dauert rund $365^{1}/_{4}$ Sonnentage. Die Bahngeschwindigkeit der Erde beträgt rund 30 km pro Sekunde, das sind mehr als 100 000 km pro Stunde! Der Durchmesser der Erdbahn beträgt etwa 300 Millionen km, so daß unser »Raumschiff Erde« jährlich fast eine Milliarde Kilometer zurücklegt. Von uns aus gesehen läuft die Sonne im Laufe eines Jahres

Die Erde umkreist die Sonne einmal jährlich. Für uns scheint sich dadurch die Sonne durch die 12 Tierkreissternbilder zu bewegen. Am 1. 1. zum Beispiel steht sie im Schützen. Die scheinbare Sonnenbahn am Himmel nennt man Ekliptik.

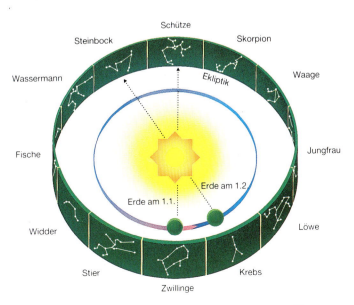

7

scheinbar durch die sogenannten 12 Tierkreissternbilder. Am 1. 1. zum Beispiel steht sie im Schützen, den man dann nachts nicht sehen kann, weil er mit der Sonne zusammen am Tageshimmel steht. Genau genommen dauert ein Umlauf der Erde um die Sonne 365,2564 mittlere Sonnentage. Diesen Zeitraum nennt man das siderische Jahr. Die Zeit zwischen zwei Frühlingsanfängen ist aus astronomischen Gründen mit 365,2422 Tagen etwas kürzer und wird tropisches Jahr genannt. Diesem tropischen Jahr sollte sich ein guter Kalender möglichst genau anpassen.

Wie kommen die Jahreszeiten zustande?

Die Erdachse steht nicht senkrecht auf der Erdbahn, sondern ist geneigt. Dadurch kommen die Jahreszeiten zustande. Im nördlichen Sommer ist die Nordhalbkugel zur Sonne hingeneigt. Wir im Norden bekommen dann viel Sonne, haben lange Tage und hohe Temperaturen. Mittags steht die Sonne hoch am Himmel. Im Winter dagegen sind wir benachteiligt. Die Nordhalbkugel wendet sich dann von der Sonne ab. Wir haben kurze Tage und niedrige Temperaturen. Wenn bei uns im Norden Winter ist, dann ist auf der Südhalbkugel Sommer. Die Kinder in Südamerika und Australien können in den Weihnachtsferien am Strand baden.

Der Sonnenhöchststand wird bei uns zur Sommersonnenwende am 21. oder 22. Juni erreicht. Die wärmsten Monate sind aber der Juli und der August, da sich Ozeane, Luft und Erdboden nur langsam erwärmen, so daß die Höchsttemperaturen erst nach dem Sonnenhöchststand erreicht werden.

Weihnachten in Südamerika. Bei 30 Grad im Schatten kann man am heiligen Abend baden, während bei uns der Winter begonnen hat.

Die Jahreszeiten entstehen durch die Neigung der Erdachse. Im nördlichen Sommer ist die Nordhalbkugel zur Sonne hingeneigt. Im Winter wenden wir uns von der Sonne ab.

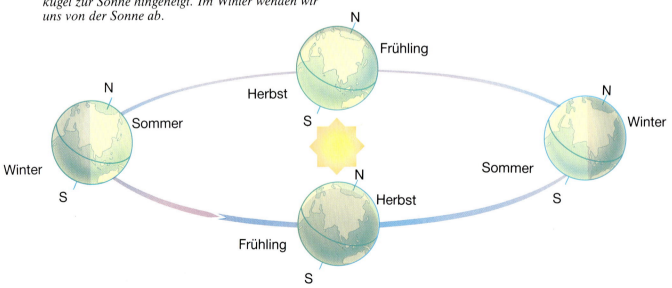

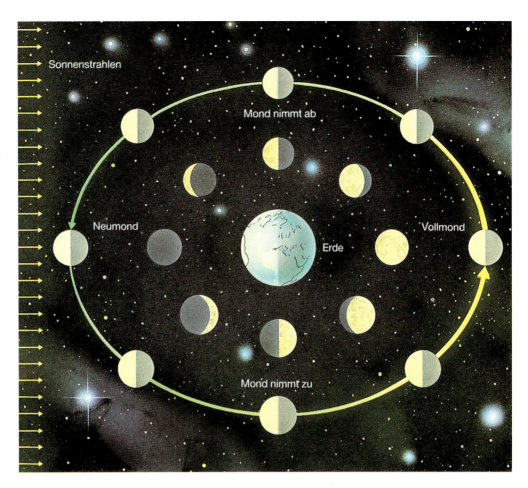

Die Entstehung der Mondphasen. Die Zeit von Vollmond zu Vollmond beträgt rund 29 1/2 Tage. Innerer Kreis: Jeweiliger Anblick des Mondes von Mitteleuropa.

Was ist ein Monat?

Unsere Erde ist nicht allein, sie wird vom Mond umkreist. Schon vor Jahrtausenden bemerkten die Menschen, daß der Erdtrabant täglich an einer anderen Stelle des Himmels steht und seine Form ändert. Steht er in Richtung der Sonne, so kann man ihn nicht sehen. Es ist Neumond. Steht er der Sonne gegenüber, so ist die uns zugewandte Mondhälfte voll beleuchtet. Diese Stellung nennt man Vollmond. Die Zeit zwischen zwei Neumond- oder Vollmondstellungen beträgt ziemlich genau 29$^{1}/_{2}$ Tage und wird synodischer Monat genannt. Dieser Urmonat spielt heute noch in vielen Kalendern eine Rolle. Auf ihn sind auch unsere heutigen Monate zurückzuführen, die allerdings genau 28, 29, 30 oder 31 Tage lang sind, damit man das Jahr besser unterteilen kann. Die genaue Länge des synodischen Monats beträgt 29,530589 Tage.

Wie entstand die siebentägige Woche?

Es gibt keine auffällige Himmelserscheinung, die sich alle 7 Tage wiederholt. Allerdings vergehen zwischen dem ersten Auftauchen des Mondes nach der Neumondstellung und dem Ersten Viertel, dem zunehmenden Halbmond, rund 7 Tage. Dasselbe gilt für die Zeitspanne zwischen Halbmond und Vollmond. Von diesem bis zum Letzten Viertel verstreicht ebenfalls eine Woche. Weitere 7 Tage vergehen zwischen dem abnehmenden Halbmond und dem Verschwinden des Erdtrabanten vor Neumond. Einige Wissenschaftler nehmen an, daß diese Erscheinungen die Anregung zur Einführung der Woche gegeben haben.

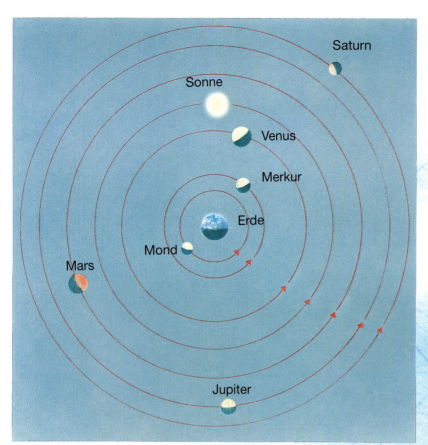

Die sieben Planeten des Altertums. Man glaubte, Mond, Merkur, Venus, Sonne, Mars, Jupiter und Saturn würden die Erde umkreisen. Nach diesen sieben Himmelskörpern benannte man die Wochentage.

Im alten Babylon waren die Zahlen 12 und 60 heilig. Noch heute bestimmen diese „magischen" Zahlen die Einteilung unserer Zifferblätter. Die Einteilung des Tages in 2 mal 12 Stunden stammt aus Babylon.

Viel wahrscheinlicher ist, daß die 7 Wochentage mit den im Altertum bekannten »Planeten« zusammenhängen. Zu den Wandelsternen oder Planeten zählte man früher die Sonne und den Mond. Dazu kamen die damals bekannten »echten« Planeten Merkur, Venus, Mars, Jupiter und Saturn. Man kannte also 7 Planeten, nach denen man die 7 Wochentage benannte, die man dann zu einer praktischen Zeitspanne, nämlich zur Woche, zusammenfaßte. In unserer Sprache ist das gut an den Worten Sonntag und Montag zu erkennen. Das französische Wort für Dienstag »Mardi« erinnert eindeutig an den Mars. Ähnliches gilt für Mercredi (Merkur), Jeudi (Jupiter) und Vendredi (Venus). Das englische Wort für Samstag, Saturday, schließlich ist vom Planeten Saturn abgeleitet. Im Deutschen und Englischen traten an die Stelle der römischen Planetengottheiten zum Teil die entsprechenden germanischen, etwa Jupiter = Donar (Donnerstag) und Venus = Freia (Freitag).

Warum hat ein Tag 24 Stunden?

Die Einteilung der Zeit in Jahre, Monate und Tage ergibt sich, wie wir gesehen haben, aus astronomischen Beobachtungen. Die weitere Unterteilung in Stunden, Minuten und Sekunden ist dagegen rein willkürlich und nicht einmal sehr praktisch, da sie nicht zu unserem Dezimalsystem paßt. Während es kinderleicht ist, DM-Beträge in Pfennige umzurechnen, erfordert es eine gewisse Rechenarbeit, Tage in Stunden oder Minuten auszudrücken. Bekanntlich hat ein Tag 24 = 2 x 12 Stunden, eine Stunde 60 Minuten und eine Minute 60 Sekunden. Die dieser Unterteilung zugrundeliegenden Zahlen 12 und 60 waren den alten Babyloniern heilig und werden noch heute für die Unterteilung unserer Zifferblätter benutzt. Während die Einteilung des Tages in 12 Doppelstunden jedoch schon bei den Babyloniern üblich war, setzten sich die Minuten und Sekunden erst viel später, zu Beginn der Neuzeit, durch.

Was versteht man unter wahrer und mittlerer Ortszeit?

Der wichtigste periodisch wiederkehrende Zeitabschnitt für uns Menschen ist zweifellos der Tag, die Zeit zwischen 2 Sonnenhöchstständen im Süden. Wenn unser Tagesgestirn diese höchste Stellung erreicht hat, so sagen wir, es sei 12 Uhr wahre Ortszeit (WOZ). In diesem Moment ist der Schatten eines senkrecht stehenden Stabes am kürzesten. Leider scheint wegen verschiedener Unregelmäßigkeiten der Erdbahn die Sonne etwas ungenau zu laufen, so daß sie nicht exakt alle 24 Stunden den Süden erreicht. Man hat daher eine richtig laufende, mittlere Sonne erfunden. Wenn diese gedachte Sonne genau über dem Südpunkt steht, so ist es 12 Uhr mittlere Ortszeit (MOZ). Die Differenz zwischen wahrer und mittlerer Ortszeit nennt man Zeitgleichung. Diese ändert sich im Laufe des Jahres und kann zwischen − 14,3 und + 16,3 Minuten liegen.

Was versteht man unter der mitteleuropäischen Zeit?

Wenn die Sonne in Hamburg am höchsten steht, dann hat sie in Berlin ihren Höchststand schon überschritten, während sie ihn in Bremen etwas später erreicht. Uhren, welche die mittlere Ortszeit oder, wie man vereinfacht auch sagt, die Ortszeit anzeigen, würden also in den 3 Städten verschiedene Zeiten anzeigen. Um in ganz Mitteleuropa die gleiche Uhrzeit zu haben, hat man sich darauf geeinigt, daß im gan-

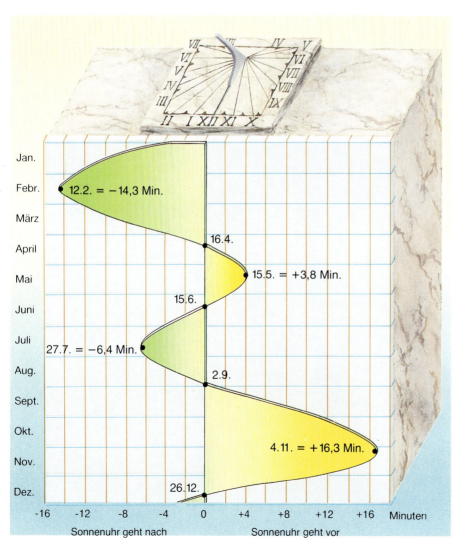

Die Zeitgleichung, die Differenz zwischen wahrer und mittlerer Ortszeit, ändert ihren Wert im Laufe des Jahres.

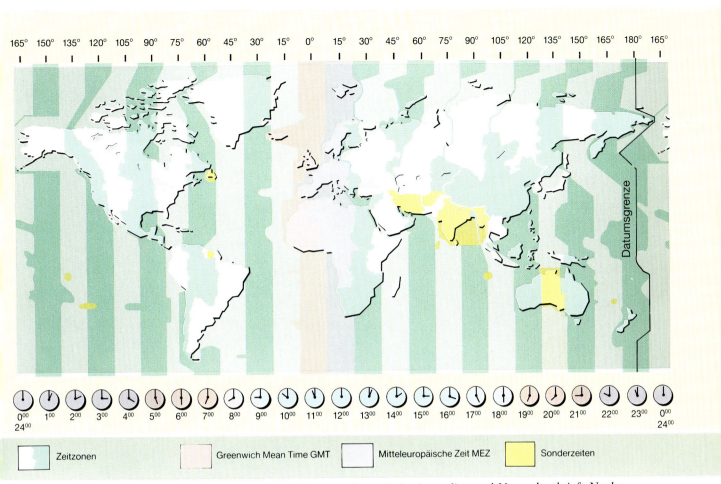

Die Zeitzonen. Während es bei uns Mittag ist, herrscht in Australien und Neuseeland tiefe Nacht. Für viele Länder gelten Sonderregelungen. So hat das der europäischen Gemeinschaft verbundene Frankreich die MEZ, obwohl dort eigentlich die westeuropäische Zeit gelten müßte.

zen Gebiet die MOZ für einen Ort auf 15 Grad östlicher Länge gelten soll. Diese Zeit nennt man mitteleuropäische Zeit (MEZ). Entsprechend gibt es eine westeuropäische Zeit, die man auch Weltzeit nennt. Sie entspricht der MOZ für 0 Grad Länge. Wenn es 12 Uhr MEZ ist, dann ist es 11 Uhr Weltzeit. Da sich die Sonne ja scheinbar von Ost nach West bewegt, erreicht sie in Berlin ihre Höchststellung früher als im westlicheren London. Insgesamt gibt es 24 Zeitzonen, die sich nicht immer genau den Längenkreisen, sondern oft auch Staatsgrenzen anpassen. Große Länder sind oft in mehrere Zeitzonen eingeteilt, die USA in 6 und die GUS (die ehemalige Sowjetunion) sogar in 11! Im Pazifik befindet sich die sogenannte Datumsgrenze. Überschreitet man sie an einem Mittwoch von West nach Ost, so ist es plötzlich erst Dienstag. Der Mittwoch hat auf der anderen Seite noch gar nicht begonnen.

Warum gibt es die Sommerzeit?

Von Ende März bis Ende Oktober fügt man zur mitteleuropäischen Zeit noch eine Stunde hinzu. Man erhält dann die mitteleuropäische Sommerzeit (MESZ). Sie wurde aus Gründen der Energieeinsparung eingeführt. Die Abende sind ja länger hell, man muß später das Licht anschalten. Die Sommerzeit ist bei vielen Freizeitsportlern, Wanderern und Hobbygärtnern sehr beliebt, da sie abends für

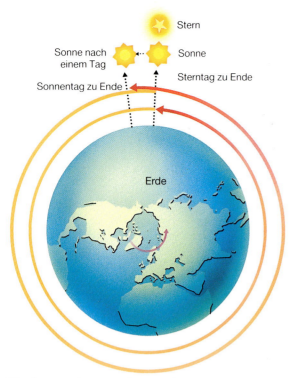

Ein Sterntag ist etwas kürzer als ein Sonnentag. Wenn ein Sterntag zu Ende ist, muß sich die Erde noch weiterdrehen, um die Sonne „einzuholen".

Die Erdachse vollführt eine Taumelbewegung, die man Präzession nennt.

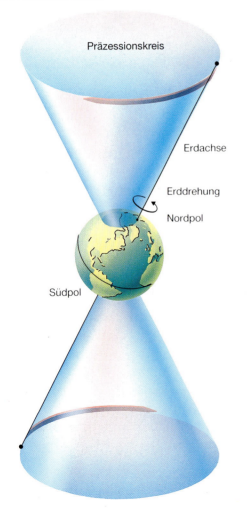

ihre Aktivitäten länger das Tageslicht genießen können. Auf der anderen Seite verursacht die Zeitumstellung zweimal jährlich große Verwirrung und nicht unerhebliche Kosten. Ob die Sommerzeit wirklich dem Umweltschutz dient, ist umstritten, da die Menschen an den langen Sommerabenden häufiger als sonst ihre Autos benutzen. Sommerzeiten gibt es in vielen Staaten. In den USA werden schon lange bis weit in den Oktober hinein die Uhren vorgestellt, was für ausländische Flugreisende sehr verwirrend ist, da in ihrem Land die Sommerzeit oft schon im September aufgehoben wird.

Was versteht man unter der Sternzeit?

Ein vierundzwanzigstündiger Sonnentag ist, streng genommen, etwas länger als eine Drehung der Erde um ihre Achse. Um das zu verstehen, stellen wir uns einmal vor, ein heller Stern und die Sonne würden zusammen genau im Süden stehen. Eine Erdrotation ist vollendet, wenn der Stern wieder im Süden steht. Die Sonne ist jedoch inzwischen scheinbar ein Stück am Himmel weitergewandert. Die Erde muß sich also noch ein wenig weiterdrehen, bis auch die Sonne wieder genau im Süden steht. Die Zeit zwischen zwei Höchststellungen eines Sterns im Süden nennt man einen Sterntag, die etwas längere Zeit zwischen 2 Höchststellungen der Sonne einen Sonnentag.

Der mittlere Sonnentag, der sich auf die schon erwähnte, gedachte mittlere Sonne bezieht, ist 3 Minuten, 56,55 Sekunden länger als der Sterntag. Unsere Uhrzeit bezieht sich natürlich auf die Sonne, die ja als Tagesgestirn unser Leben bestimmt. Es gibt jedoch auch eine für die Astronomen wichtige Sternzeit. Es ist 0 Uhr Sternzeit, wenn der sogenannte Frühlingspunkt im Süden oder im Meridian steht. Das ist der Punkt am Himmel, an dem sich die Sonne zu Frühlingsanfang befindet. Ein

Sterntag hat 0,99727 mittlere Sonnentage, ein mittlerer Sonnentag 1,00274 Sterntage, ist also etwas länger als eine volle Drehung der Erde um ihre Achse.

Die Erdachse behält, streng genommen, gar nicht immer ihre Richtung bei. Sie vollführt eine rund 26 000jährige Taumelbewegung, die man Präzession nennt.

Gibt es auch sehr lange natürliche Zeitperioden?

Man darf ja nicht vergessen, daß unser Planet ein riesiger Kreisel ist. Sonne und Mond versuchen diesen schief stehenden Kreisel aufzurichten. Das läßt sich die Erde nicht gefallen und antwortet mit einer Taumelbewegung, ähnlich wie ein Kinderkreisel taumelt, wenn ihn die Erdanziehungskraft umzuwerfen droht. Im Laufe der rund 26 000jährigen Präzessionsperiode zeigt die Erdachse in die verschiedensten Richtungen, was zu Folge hat, daß unser Polarstern nicht immer seine Rolle spielen wird, und daß man früher von Europa aus Sterne sehen konnte, die heute immer unter dem Horizont bleiben, zum Beispiel das berühmte Kreuz des Südens.

Noch phantastischer ist die Tatsache, daß unser ganzes Sonnensystem an der Rotation der Galaxis, also unseres Milchstraßensystems, teilnimmt. Genauso wie sich der Mond um die Erde und die Erde um die Sonne dreht, wandert unser ganzes Sonnensystem um das Zentrum der Galaxis herum. Ein Umlauf dauert rund 220 Millionen Jahre. Dies ist der längste, mit einiger Sicherheit bekannte periodische Vorgang. Unsere Sonne ist allerdings schon so alt, daß sie bisher schon etwa 20 solche Umläufe vollendet hat.

Unsere Sonne ist nur ein kleiner Stern im gewaltigen Feuerrad unserer Galaxie oder Milchstraße. Sie dreht sich in rund 220 Millionen Jahren um das Zentrum des Milchstraßensystems.

Der Kalender im Wandel der Zeiten

Was ist ein Kalender?

Unter einem Kalender versteht man ein Verzeichnis der nach Wochen und Monaten geordneten Tage des Jahres. Im weiteren Sinne bezeichnet man mit dem Begriff Kalender die gesamte Zeitrechnung. Das Wort kommt von lateinischen »Calendae«. Darunter verstand man den ersten Tag eines Monats, der im alten Rom öffentlich ausgerufen wurde. Kalender sind in der Neuzeit zu einem unentbehrlichen Bestandteil des täglichen Lebens geworden. Aber schon im Altertum und Mittelalter spielten sie eine große Rolle, insbesondere wenn es darum ging, religiöse Feste wie Ostern vorzubereiten oder mit der Saat zu beginnen. Kalender findet man heute in vielen Formen. Am bekanntesten sind die Taschen- und Abreißkalender. Aber auch viele Armbanduhren haben inzwischen eine Kalenderfunktion. Zahlreiche elektronische Uhren zeigen über Jahre hinweg das genaue Datum an und berücksichtigen sogar die Schaltjahre.

Im alten Rom wurde der erste Tag eines Monats öffentlich ausgerufen. Er wurde „Calendae" genannt und gab unserem Kalender seinen Namen.

Wann entstand der erste Kalender?

Wahrscheinlich sind die ersten Vorläufer der modernen Kalender schon vor rund 30 000 Jahren entstanden. Man findet immer wieder Knochenstücke dieses Alters, in die Markierungen eingeritzt sind, welche von vielen Wissenschaftlern als Tage eines Monats oder eines anderen längeren Zeitabschnitts gedeutet werden.

Sicher ist, daß die alten Ägypter bemerkt hatten, daß der helle Fixstern Sirius jeweils nach einer längeren Unsichtbarkeitsperiode ziemlich genau alle 365 Tage wieder am Morgenhimmel erschien. Dieses erste Auftauchen des Sirius fiel zeitlich mit der jährlichen Nilüberschwemmung zusammen. Wichtig für unsere Betrachtungen ist, daß das astronomische Ereignis, das man auch den heliakischen Aufgang des Sirius nennt, entsprechend dem Erdumlauf um die Sonne alle 365 Tage stattfand. Diese steht ja immer zur gleichen Zeit bei Sirius. Der Stern ist dann nicht zu sehen. Einige Wochen danach hat sich die Sonne so weit von Sirius wegbewegt, daß dieser wieder sichtbar wird. Auch dies geschieht natürlich jedes Jahr immer zum gleichen Datum, also alle 365 Tage. So wurde schon sehr früh das dreihundertfünfundsechzigtägige

Kalender gibt es seit vielen Jahrhunderten.

Der erste Kalender? Die Markierungen auf diesem rund 30 000 Jahre alten Knochen stellen vielleicht einen Mondumlauf dar.

Babylonische Astronomie. Dieser Stein zeigt die Vollmondstellungen für das Jahr 104 v. Chr., welche damals schon genau vorausberechnet werden konnten.

Sonnenjahr entdeckt, auf dem die Ägypter ihren Kalender aufbauten.

Auch die alten Babylonier hatten schon sehr früh Kalender, die auf astronomische Beobachtungen zurückzuführen waren. Sie konnten Finsternisse und Planetenstellungen exakt vorausberechnen.

Ein riesiges Kalenderwerk waren auch die Steinkreise von Stonehenge in Südengland. Die Verbindungslinien zwischen verschiedenen Steinblöcken wiesen zu wichtigen Auf- und Untergangspunkten der Sonne und des Mondes. Der große Steinkreis, von dem noch Reste vorhanden sind, hatte 29 große und ein kleines Portal, also $29\frac{1}{2}$ Pforten. Dies entsprach den $29\frac{1}{2}$ Tagen des synodischen Monats, also der Zeit von Vollmond zu Vollmond. Ähnliches galt für die Lochkreise, die das Bauwerk umgaben. Der innere hatte 29, der äußere 30 Löcher. Im Schnitt waren es also $29\frac{1}{2}$ Löcher. Dies entspricht wiederum 29,5 Tagen des Mondmonats.

Unser heutiger Kalender mit seinen 12 verschieden langen Monaten hat sich aus dem römischen Kalender entwickelt, auf den wir noch zurückkommen werden.

Von uns aus gesehen, befindet sich Sirius jedes Jahr einmal etwa hinter der Sonne. Wandert die Erde weiter, so wird der Stern wieder sichtbar.

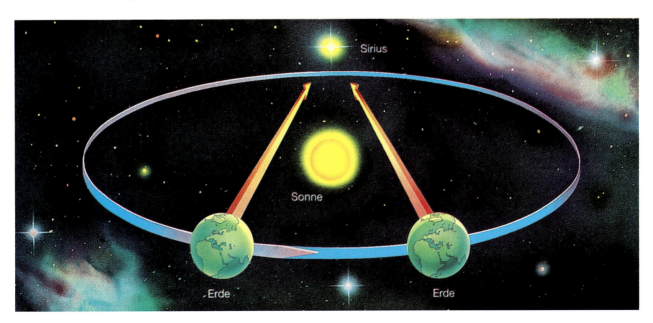

Verfolgung des Mondlaufs in Stonehenge. Täglich wurde ein Stein ein Portal weitergelegt. In einem Monat umkreiste er so das ganze Bauwerk. Auch die Lochkreise waren eine Art Mondkalender. Jeden Tag wurde ein Stein ein Loch weitertransportiert. Im Schnitt hatten die Kreise 29 1/2 Löcher. Das entspricht den 29 1/2 Tagen des synodischen Monats.

Ideal wäre es, wenn ein Jahr genau 360 Sonnentage hätte, und die Zeit zwischen Vollmond und Vollmond exakt 30 Tage betragen würde. Man könnte dann ein Jahr in 12 gleichlange Monate einteilen und hätte einen einfachen Kalender. Leider tun uns die Himmelskörper nicht den Gefallen, sich so ideal zu verhalten. So hat ein tropisches Jahr, also das Sonnenjahr zwischen zwei Frühlingsanfängen, 365,24219879 Tage oder 365 Tage, 5 Stunden, 48 Minuten und 46 Sekunden. Ein synodischer Monat dauert 29,530589 Tage oder 29 Tage, 12 Stunden, 44 Minuten und 2,9 Sekunden.

Warum ist es so schwierig, einen Kalender aufzustellen?

Diese krummen Zahlen sind der Grund, warum es so schwer ist, einen guten Kalender aufzustellen. In der Praxis kann man nur mit vollen Tagen rechnen. Ein Jahr kann nicht nach 365,24219879 Tagen beendet werden, sondern nur nach 365 oder 366. Würden wir aber ein Jahr immer nach genau 365 Tagen zu Ende gehen lassen, so wäre das wahre Sonnenjahr länger als das Kalenderjahr. Dadurch würde der astronomische Neujahrspunkt immer mehr im Kalender nach vorne rutschen. Würden im Jahr 2000, wie wir es gewohnt sind, die Sektkorken um 0 Uhr knallen, so müßte man 2001 bis 5 Uhr 48 warten, um aufs neue Jahr anzustoßen. 2002 würden die Neujahrsglocken um 11 Uhr 36 läuten. Das Jahr 2005 schließlich würde am 2. Januar beginnen, das Jahr 2009 am 3. Januar. Während jetzt im März der Frühling beginnt, würde er in einigen Jahrzehnten im April anfangen. In rund 1½ Jahrtausenden würden die Jahreszeiten durch den ganzen Kalender wandern. Die Kunst der Kalendermacher liegt nun darin, ein Jahr hin und wieder etwas länger zu machen, also zum Beispiel Schalttage einzufügen.

Ähnliche Schwierigkeiten hat man, wenn man die Monate mit dem wahren Mondlauf in Einklang bringen will, so daß ein Monat zum Beispiel immer bei Vollmond oder Neumond beginnt. Man kann ja einen Monat nicht nach 29,530589 Tagen beenden, sondern beispielsweise nur nach 29 Tagen. Auch hier muß man also ab und zu einen Schalttag einfügen, wenn man wie die Mohammedaner immer zu Monatsbeginn die gleiche Mondphase wünscht.

Noch schwieriger ist es, wenn man die Mondphasen mit dem Sonnenlauf kombinieren will. 12 synodische Monate zu 29 Tagen, 12 Stunden und 44 Minuten dauern ja nur 354 Tage, 8 Stunden und 48 Minuten und nicht 365 1/4 Tage. Es fehlen also rund 11 Tage zum vollen Sonnenjahr. Das sind nach 3 Jahren etwa 33 Tage, also mehr als ein Monat! Man müßte dann Schaltmonate einlegen, das heißt Jahre mit 13 Monaten einführen.

Man nennt nun eine Jahresart, die sich nur nach der Sonne richtet, ein Sonnenjahr und eine Jahresform, die nur den Mondlauf berücksichtigt, ein Mondjahr. Ein Jahr, das auf Sonnen- und Mondlauf aufgebaut ist, heißt Lunisolarjahr. Unser Kalender richtet sich nach der Sonne, der islamische jedoch nach dem Mond. Unser Jahr beginnt immer dann, wenn die Sonne einen bestimmten Punkt auf ihrer scheinbaren Bahn erreicht hat, die islamischen Jahre und Monate immer dann, wenn der Mond nach Neumond wieder als schmale Sichel sichtbar wird. Dieses Ereignis wird in den orientalischen Ländern als »Neumond« bezeichnet.

Das Sonnenjahr ist länger als ein 365tägiges Kalenderjahr. Nach drei Gemeinjahren fügt man im Schaltjahr einen Tag hinzu, um das Sonnenjahr „einzuholen".

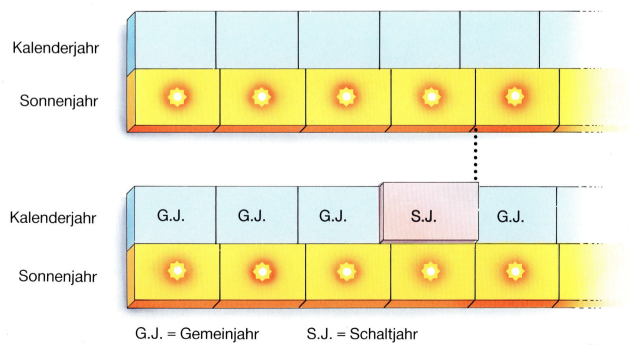

G.J. = Gemeinjahr   S.J. = Schaltjahr

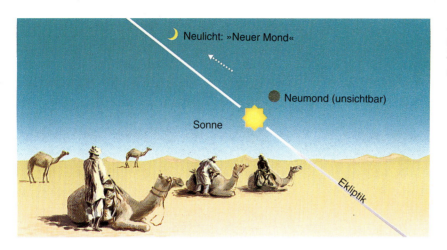

Bei Neumond ist der Erdtrabant unbeobachtbar. Nach 2 bis 3 Tagen taucht er als „Neulicht" wieder auf.

Warum sind Mondkalender so verwirrend?

Wie wir gesehen haben, dauern 12 synodische Monate etwa 354 Tage. Ein Mondjahr, das aus 12 solchen Monaten besteht, ist also viel kürzer als ein Sonnenjahr. Der Jahresbeginn verschiebt sich sehr schnell gegenüber den Jahreszeiten, das Neujahrsfest muß also einmal im Sommer, dann wieder im Winter gefeiert werden. Man fragt sich daher, wie es eigentlich zu reinen Mondkalendern kommen konnte. Nun gibt es Gegenden, in denen die Jahreszeiten nicht in der hiesigen Form auftreten und nur eine untergeordnete Rolle spielen. Zu diesen Gebieten gehört der Nahe Osten. Für die Araber stand nicht so sehr der Sonnenlauf, sondern der Mond im Vordergrund. Jeden Monat brachte er sich nach einer kurzen Periode der Unsichtbarkeit wieder eindrucksvoll in Erinnerung und wurde praktisch »neu geboren«. So wurde er zum idealen Einteiler der Zeit. Immer wenn er wieder auftauchte, war ein Monat vergangen.

Wie ist der islamische Kalender aufgebaut?

»Siehe, Allah ist unser Herr, der erschaffen hat den Himmel und die Erde in sechs Tagen. Er ist es, der gemacht hat die Sonne zu einer Leuchte und den Mond zu einem Licht. Und verordnet hat er ihm Wohnungen, auf daß ihr wisset die Anzahl der Jahre und die Berechnung der Zeit.«

Diese Zeilen aus der 10. Sure des Korans, des heiligen Buchs der Muslime, zeigen, wie ihr Kalender aufgebaut ist. Der Mond ist der entscheidende Zeitmesser, nicht die Sonne wie bei uns.

Der islamische Kalender ist das einzige bedeutende Zeitrechnungssystem, das überhaupt keine Rücksicht auf die Sonne nimmt. Jeder Monat beginnt mit dem Neumond, worunter die Araber und Türken aber nicht wie wir das engste Treffen von Sonne und Mond, sondern das Auftauchen der ersten Mondsichel nach unserem Neumond verstehen. Etwa 2–3 Tage nach dem monatlichen Zusammen-

Die Monate des islamischen Kalenders.

1. *Moharrem* (30 Tage)
2. *Safar* (29 Tage)
3. *Rebî-el-awwel* (30 Tage)
4. *Rebî-el-accher* (29 Tage)
5. *Dschemâdi-el-awwel* (30 Tage)
6. *Dschemâdi-el-accher* (29 Tage)
7. *Redscheb* (30 Tage)
8. *Schabân* (29 Tage)
9. *Ramadân* (30 Tage)
10. *Schewwâl* (29 Tage)
11. *Dsû'l-kade* (30 Tage)
12. *Dsû'l-hedsche* (29 Tage, Schaltjahr 30 Tage)

Die erste schmale Sichel des zunehmenden Mondes. Deutlich erkennt man einige Krater.

treffen mit der Sonne leuchtet der Erdtrabant erstmals wieder im Westen abends als schmale Sichel auf, sozusagen als neuer Mond oder »Neumond«. Dies ist das Signal für den Beginn eines der 12 islamischen Monate, von denen besonders der Fastenmonat Ramadan auch bei uns bekannt ist.

Das normale islamische Jahr dauert 354 Tage und hat 6 Monate zu 29 und 6 Monate zu 30 Tagen. Nun dauern allerdings 12 synodische Monate 354 Tage, 8 Stunden und 48 Minuten, und nicht genau 354 Tage. Das islamische Gemeinjahr wäre also zu kurz für den exakten Mondlauf, Monatsbeginn und Neumond würden bald auseinanderklaffen. Auch hier müssen also Schaltjahre eingeführt werden, und zwar 11 Stück in 30 Jahren. Diese Schaltjahre haben 355 Tage. Der zusätzliche Tag wird an den 12. Monat angehängt, der denn 30 statt 29 Tage hat.

Ausgangspunkt der Jahreszählung ist die »Hedschra«, die Flucht des Propheten Mohammed von Mekka nach Medina im Jahr 622 nach Christus.

Der islamische Kalender wird heute noch häufig in der islamischen Welt benutzt, besonders für religiöse Zwecke. Im Geschäftsleben spielt daneben auch unser Kalender eine Rolle, besonders, wenn es um internationale Terminabsprachen geht.

Warum hatten die alten Ägypter ein Sonnenjahr?

Für die Ägypter war die jährliche Überschwemmung des Nils der wichtigste aller Termine. Dieses Ereignis bestimmte ihr Leben und war ihre Existenzgrundlage. Überschwemmung, Saat- und Erntezeit hingen ausschließlich vom Sonnenlauf ab, hatten also nichts mit dem Mond zu tun. So entwickelten die Ägypter einen reinen Sonnenkalender. Er hatte drei größere Zeiträume zu je 4 Monaten, nämlich die Überschwemmungs-, Saat- und Erntezeit. Jeder der 12 Monate besaß 30 Tage. Da 12 × 30 = 360 ist, fügte man noch 5 Zusatztage hinzu, die man Epagomenen nannte, um auf 365 zu kommen. Damit ist der erstaunlich klare und einfache altägyptische Kalender auch schon beschrieben. Leider war das Jahr mit seinen genau 365 Tagen zu kurz. Überschwemmungs-, Saat- und Erntezeit wanderten im Kalender immer weiter nach vorne. Im Jahr 1300 v. Chr. begann die Überschwemmungszeit im ersten Monat Thoth, 500 Jahre später im 5. Monat Tybi und wieder ein halbes Jahrhundert später im 9. Monat Pachon. Nach 1461 Jahren schließlich hatte der Zeitpunkt der Überschwemmung den ganzen Kalender durchlaufen. Die Überschwemmungszeit begann wieder im Monat Thoth.

Im alten Ägypten gab es schon sehr früh ein Sonnenjahr mit 365 Tagen. Schaltjahre wurden noch nicht eingeführt.

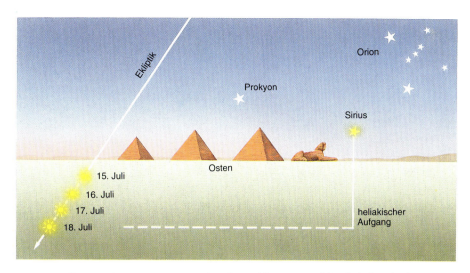

Um dem 18. Juli erschien der helle Stern Sirius nach einer längeren Unsichtbarkeitsperiode kurz vor Sonnenaufgang am Himmel.

Obwohl schon im Jahr 238 v. Chr. eine Änderung vorgeschlagen wurde, behielten die konservativen Ägypter ihren traditionellen Kalender bei.

Es gab ja einen Himmelskörper, der ihnen unabhängig vom Kalenderdatum die Nilüberschwemmung ankündigte, nämlich der Sirius. Immer an dem Termin, den wir heute den 18. Juli nennen würden, tauchte er nach einer längeren Unsichtbarkeitsperiode wieder morgens vor Sonnenaufgang im Osten auf. Kurz danach setzte die Nilflut ein. Warum sollte man also den einfachen und praktischen Kalender ändern, wenn Sirius sicher das wichtigste Jahresereignis ankündigte?

Die ägyptischen Jahreszeiten und Monate. Das Jahr hatte genau 365 Tage und war damit etwas zu kurz.

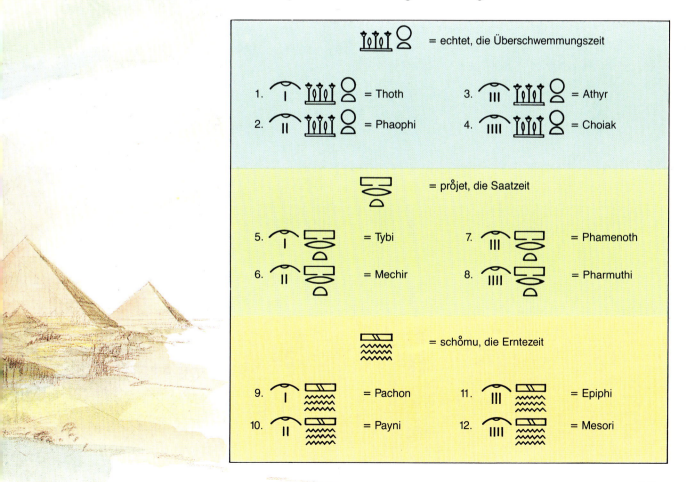

Was ist ein Schaltjahr?

Es wäre einfach gewesen, den ägyptischen Kalender mit der Nilüberflutung in Einklang zu bringen. Schon im Jahr 238 v. Chr. hatte der König Ptolemäus III. Euergetes den Kalender zu reformieren versucht. Er erließ das Dekret von Canopus, in dem er anordnete, das zu kurze Jahr, so wie wir es noch heute tun, alle 4 Jahre 366 Tage lang zu machen. Allerdings konnte sich diese geniale Idee damals nicht durchsetzen. Erst der römische Feldherr Cäsar griff 48 v. Chr. den Gedanken wieder auf und bestimmte später, als er in Rom an der Macht war, alle 4 Jahre ein verlängertes Jahr von 366 Tagen einzuführen, das man Schaltjahr nennt.

Das Sonnenjahr ist ja rund $365\frac{1}{4}$ Tage lang. 4 Sonnenjahre dauern also einen Tag länger als vier Kalenderjahre zu 365 Tagen, was man durch einen Schalttag ausgleichen kann, den man alle 4 Jahre einschiebt. Jedes vierte Jahr hat dann 366 Tage. Bei uns ist das so geregelt, daß in den Schaltjahren der Februar 29 statt 28 Tage bekommt. Wer am 29. 2. geboren ist, hat also nur alle 4 Jahre einen »echten« Geburtstag!

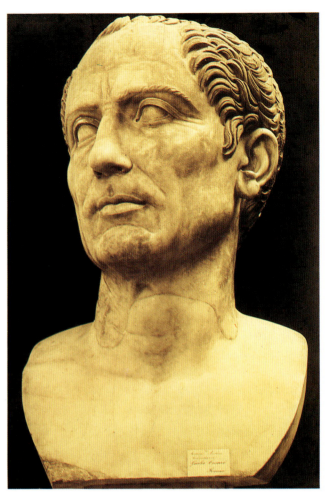

Gaius Julius Cäsar. Er führte das Schaltjahr ein, so daß ein Kalenderjahr nun $365\frac{1}{4}$ Tage hatte.

Wann wurde das Schaltjahr eingeführt?

Unsere heutigen Monatsnamen verdanken wir den Alten Römern, die schon lange vor unserer Zeitrechnung Gemeinjahre mit 12 Monaten und 355 Tagen und Schaltjahre mit 13 Monaten und 377 oder 378 Tagen benutzt hatten. Im Jahr 46 v. Chr. kam Gaius Julius Cäsar nach langer Abwesenheit nach Rom zurück. Dort fand der Feldherr und Diktator viele Mißstände vor, bei denen auch die Zeitrechnung keine Ausnahme machte. Gegen Ende der römischen Republik hatten die Priester immer wieder nach Bedarf Schaltmonate eingelegt, um Übereinstimmung mit dem Sonnenlauf zu erreichen. Auf der anderen Seite hatten bestechliche Priester

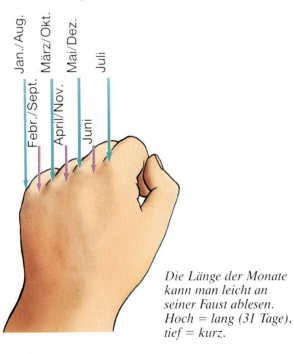

Die Länge der Monate kann man leicht an seiner Faust ablesen. Hoch = lang (31 Tage), tief = kurz.

oft Jahre einfach verlängert, um es Beamten zu ermöglichen, ihre Amtszeit auszudehnen, was mit großen materiellen Vorteilen verbunden war. So war die Zeitrechnung völlig durcheinandergeraten. Um zunächst einmal die größten Abweichungen und Fehler zu beseitigen, verlängerte Cäsar das Jahr, das wir heute 46 v. Chr. nennen, um 3 Monate. Es hatte also 445 Tage und war wohl das längste Jahr der Geschichte. Danach sollte jedes Jahr 365 Tage dauern und alle 4 Jahre ein Schaltjahr von 366 Tagen eingefügt werden. Das war die Geburtsstunde der heute üblichen Schaltjahre, die allerdings, wie schon erwähnt, bereits rund 200 Jahre früher in Ägypten vorgeschlagen worden waren.

Auf Cäsar gehen im großen und ganzen die heute gebräuchlichen Monatslängen zurück. Allerdings gab es bei ihm noch keinen 29. Februar. Der 23. 2. wurde in Schaltjahren einfach doppelt gezählt. An Julius Cäsar erinnert übrigens der Name des Monats Juli (lat. Julius), der ursprünglich Quintilis geheißen hatte. Später wurde der Monat Sextilis in Augustus umbenannt, da der große römische Kaiser Augustus natürlich auch »seinen« Monat haben wollte!

Warum war auch Cäsars Kalender falsch?

Das zu Julius Cäsars Ehren »julianisch« genannte Jahr hat eine durchschnittliche Länge von $365\frac{1}{4}$ Tagen, da ja jedes vierte Jahr einen Tag länger als die drei anderen ist. Das wahre Sonnenjahr dauert aber nur rund 365 Tage, 5 Stunden und 49 Minuten, so daß Cäsars Jahre etwas zu lang waren. Das fiel zunächst nicht sehr auf, aber auf lange Sicht verschob sich der Frühlingsanfang dadurch im Kalender immer mehr in Richtung Februar. Im 16. Jahrhundert begann der astronomische Frühling nicht am 21., sondern am 11. März. Die Zeit war reif für eine neue Kalenderreform!

Papst Gregor XIII. Er gab dem Kalender seine heutige Form.

Wann entstand unser heutiger Kalender?

Von 1572–1585 amtierte in Rom Papst Gregor XIII., der sehr an Kalenderproblemen interessiert war. Er berief 1576 eine Kommission von Astronomen, die einen Entwurf für eine Kalenderreform ausarbeiten sollten. 1581 war das Werk vollendet. Am 24. 2. 1582 erschien dann die päpstliche Bulle »Inter gravissimas«, in der folgende Neuerungen verkündet wurden:

1. Um die Jahreszeiten wieder mit dem Kalender in Einklang zu bringen, werden 10 Tage ausgelassen. Auf den 4. Oktober 1582 folgte sofort der 15.10.

2. Die Schaltregel wird so abgeändert, daß die Jahre 1700, 1800, 1900, 2100, 2200 und 2300 zu Gemeinjahren werden, also nur noch 365 Tage haben, obwohl sie eigentlich Schaltjahre sein müßten. Die Jahre 2000 und 2400 dagegen bleiben Schaltjahre. Auch weiterhin sollen alle

Jahre, deren Jahreszahl durch hundert teilbar ist, Gemeinjahre sein, es sei denn, sie ist durch 400 teilbar. Durch diese Regelung wird die durchschnittliche Jahreslänge ein wenig abgekürzt, da ja in 400 Jahren 3 Schalttage ausfallen. Damit haben wir folgende Jahreslängen:

Durchschnittliches
Julianisches Jahr: 365,2500 Tage
Durchschnittliches
Gregorianisches Jahr: 365,2425 Tage
Sonnenjahr: 365,2422 Tage

Man sieht, das Gregorianische Kalenderjahr weicht nur ganz wenig vom wahren Jahr ab. Erst in 3300 Jahren wächst die Differenz auf einen Tag an, so daß auch jetzt der Frühlingsanfang im Kalender noch langsam nach hinten rückt. In etwa 2000 Jahren wird man sich also erneut zusammensetzen müssen, um über den Kalender nachzudenken.

Im Jahr 1582 wurde der neue Gregorianische Kalender zunächst in Spanien, Portugal, Italien und etwas später in Frankreich und Holland eingeführt. Da

Setzte sich Gregors Kalender schnell durch?

er vom katholischen Papst kam, widersetzten sich viele protestantische Länder der Kalenderreform, aber auch mancher katholische Fürst akzeptierte sie nicht.
Dem Papst wurde vorgeworfen, er würde den Menschen 10 Tage ihres Lebens stehlen und die armen Zugvögel täuschen. Auch beschuldigte man Gregor, er wolle Jesus Christus verwirren, damit dieser nicht mehr wisse, wann er beim Jüngsten Gericht erscheinen solle. Es gab auch wissenschaftliche Einwände, die jedoch 1603 vom päpstlichen Astronomen Clavius entkräftet wurden.
Langsam brach der Widerstand gegen die neue Art der Zeitrechnung zusammen. Nur in Ländern, in denen Katholiken und Protestanten zusammenlebten, herrschte nach wie vor ein großes Durcheinander, besonders im heutigen Deutschland. In Schweden wurde der Gregorianische Kalender nach langem Hin und Her erst 1844 eingeführt, 1875 übernahm ihn Ägypten, das Mutterland des Sonnenjahres.

Rußland führte den Gregorianischen Kalender erst 1918 ein. Als das Winter-

Warum wurde die russische Oktoberrevolution im November gefeiert?

palais am 25. 10. 1917 gestürmt und die Revolution eingeleitet wurde, galt also noch der alte Kalender. Durch die Einführung des Gregorianischen Kalenders verschob sich der Jahrestag der Oktoberrevolution um 13 Tage von 25. 10. auf den 7. 11. Inzwischen betrug die Differenz zwischen den beiden Kalendersystemen nämlich nicht mehr 10, sondern schon 13 Tage. Die russische Kirche übrigens benutzt noch den alten Kalender, so daß es in Rußland und in der Ukraine zwei Arten der Zeitrechnung gibt.

Unsere heutige Jahreszählung, zum Beispiel 1995 oder 2001

Wann wurde Jesus geboren?

n. Chr., geht auf den Abt Dionysius Exiguus zurück. Er versuchte im 6. Jahrhundert mit Hilfe der ihm zur Verfügung stehenden Quellen das

Der „Stern von Bethlehem" war wahrscheinlich ein dreimaliges Treffen von Jupiter und Saturn. Dieses Ereignis wurde von den Weisen aus dem Morgenland als Geburt eines Herrschers gedeutet.

Geburtsjahr Christi festzulegen. Dabei beging er jedoch einen kleinen Irrtum. Heute wissen wir, daß Jesus schon lange vor dem Jahr 1 gelebt haben muß. Zum Beispiel starb der König Herodes, der noch lebte, als Jesus schon geboren war, bereits im Jahr »4 v. Chr.«. Die Himmelserscheinung, die wir als »Stern von Bethlehem« deuten, ein dreimaliges Jupiter-Saturn-Treffen, fand sogar in dem Jahr statt, das wir heute »7 v. Chr.« nennen. Die Weisen aus dem Morgenland deuteten dieses Ereignis als Geburt eines neuen Herrn. Jesus ist also wahrscheinlich 7 v. Chr. geboren.

Natürlich denkt niemand ernsthaft daran, das Jahr 2000 nun plötzlich 2007 zu nennen, zumal die Zählweise des Dionysius Exiguus sehr praktisch ist. Bei ihm ist nämlich jedes Jahr, dessen Jahreszahl durch 4 teilbar ist, ein Schaltjahr. Etwa im Jahr 1000 war die Zählung nach Christi Geburt allgemein akzeptiert, die Päpste benutzten sie aber erst ab 1431.

Vor dem Jahr 1 n. Chr. kommt übrigens nicht etwa das Jahr 0, sondern gleich das Jahr 1 vor Christus. Allerdings gibt es auch eine astronomische Zählung, die ein Jahr 0 zwischen −1 und +1 schiebt. Das astronomische Jahr 0 entspricht also dem historischen Jahr 1 v. Chr. Nach unserer allgemein gebräuchlichen Zählung begann das erste Jahrzehnt unserer Zeitrechnung am 1. 1. des Jahres 1 und endete am 31. 12. 10. Das zweite Jahrzehnt begann am 1. 1. 11, das letzte Jahrzehnt unseres Jahrhunderts am 1. 1. 1991 und nicht am 1. 1. 1990. Es wird am 31. 12. 2000 enden, so daß streng genommen das nächste Jahrtausend erst am 1. 1. 2001 beginnt. Das wird jedoch niemand daran hindern, das Jahr 2000 gebührend zu feiern. Immerhin beginnen ja die Zweitausender.

Zeitmessung gestern und heute

Was ist eine Kerzenuhr?

Schon Jahrtausende vor der Erfindung moderner Uhren haben die Menschen versucht, die Zeit zu messen. Sehr früh erkannten unsere Vorfahren, daß eine gleichmäßig brennende Flamme pro Stunde immer die gleiche Menge Öl oder Wachs verbrauchte. Man begann, Kerzen, Öllampen oder Dochte für die Zeitmessung zu benutzen. Im alten China gab es zum Beispiel »Uhren«, die aus ölgetränkten Stricken bestanden, in welche Knoten geknüpft wurden. Zwischen diesen Knoten lagen immer gleiche Abstände. Die Schnüre wurden angezündet. Immer wenn die Flamme einen der Knoten erreichte, war eine bestimmte Zeit vergangen. Später benutzte man Kerzen mit Markierun-

gen, an denen man die Zeit ablesen konnte, wenn die Kerze abbrannte. Immer wenn der obere Kerzenrand eine der Markierungen erreicht hatte, war eine bestimmte Zeitspanne abgelaufen. Solche markierten Kerzen findet man noch heute. Auch Öllampen wurden als Uhren benutzt. Der durchsichtige Ölbehälter hatte eine senkrechte Skala, an der man den Ölstand ablesen konnte. Da pro Stunde immer gleichviel Öl verbraucht wurde, war der Flüssigkeitsstand auch ein Maß für die seit Anzünden der Lampe verflossene Zeit.

Früher benutzte man Kerzen und Seile mit Knoten als Zeitmesser. Immer wenn die Flamme einen Knoten erreichte, war eine bestimmte Zeit vergangen.

Die Sanduhr ist eines der ältesten Zeitmeßgeräte.

Wie funktioniert eine Sanduhr?

Nicht nur das gleichmäßige Abbrennen von Kerzen und Öllampen, auch das Auslaufen mit Wasser oder Sand gefüllter Gefäße kann man zur Zeitmessung verwenden. Sanduhren werden zum Teil noch heute benutzt. Sie bestehen meist aus zwei birnenförmigen Glasbehältern, die an ihrer spitzen Seite durch ein ganz feines Röhrchen verbunden sind. Der Sand strömt aus dem oberen Behälter in einer ganz bestimmten Zeit in den unteren. Bei den Sanduhren, die man früher oft zum Eierkochen einsetzte, dauerte dieser Vorgang 5 Minuten. Drehte man nach dem Durchlaufen des Sandes die Uhr um, so war sie bereit, eine neue Fünfminuten-Periode anzuzeigen. Auch das langsame Auslaufen von Wassergefäßen wurde zur

Zeitmessung benutzt. Ähnlich wie bei den schon besprochenen Öluhren wurde der Wasserstand angezeigt. Da das Wasser immer gleich schnell auslief, konnte man am Flüssigkeitsspiegel auch die Zeit ablesen. In manchen Ländern findet man noch heute Wasseruhren dieser Art. Sie werden jedoch immer mehr von modernen Billigarmbanduhren verdrängt.

Neben langsam abbrennenden Kerzen und ausfließenden Behältern benutzt man seit Jahrtausenden die Sonne als Zeitmesser. Das Prinzip der Sonnenuhr ist ganz einfach. Unser Tagesgestirn geht morgens im Osten auf, beginnt scheinbar über den Himmel zu wandern, erreicht mittags im Süden seine Höchststellung und geht abends im Westen unter.

Was ist eine Sonnenuhr?

Da die Sonne langsam ihre Richtung ändert, wandert auch der Schatten eines Stabes. Morgens weist er nach Westen und ist lang, mittags zeigt er nach Norden und ist kurz. Wenn die Sonne um 12 Uhr wahrer Ortszeit ihre Höchststellung erreicht hat, ist der Schatten am kürzesten. Danach wird er wieder länger. Abends schließlich weist er nach Osten. Die Lage des Schattens gibt uns also Auskunft über die Tageszeit. Bringt man um den Stab herum ein Zifferblatt an, so berührt der wandernde Schatten zum Beispiel jede Stunde einen Strich dieses Zifferblatts, so daß man an ihm die Zeit wie an einer Armbanduhr ablesen kann.

Man benutzt bei Sonnenuhren keine senkrechten Stäbe, sondern neigt diese so, daß sie parallel zur Erdachse sind, also etwa

Sonnenuhren waren früher wichtige Zeitmeßgeräte. Heute sind die Zierstücke an Kirchenwänden und in Parkanlagen.

zum Polarstern weisen. Eine Sonnenuhr, die beim Höchststand unseres Tagesgestirns im Süden und kürzester Schattenlänge 12 Uhr anzeigt, ist auf wahre Sonnenzeit geeicht. Man kann natürlich auch Sonnenuhren für mitteleuropäische Zeit herstellen. Dabei bedient man sich einer genauen Armband- oder Penduhr, um das Zifferblatt zu eichen und markiert auf diesem, wo der Schatten um 9, 10, 11 oder 12 Uhr steht. Diese Uhrzeiten schreibt man neben die entsprechenden Markierungen. Voller Freude wird man dann feststellen, daß der Schatten am nächsten Tag um 10 Uhr wirklich bei der 10 des Zifferblatts ankommt. Nach einiger Zeit allerdings treten wegen der im ersten Kapitel besprochenen Zeitgleichung Abweichungen auf, die in regelmäßigen Abständen wieder verschwinden. Gute Sonnenuhren haben Korrekturtabellen, an denen man für jeden Tag des Jahres ablesen kann, um wie viele Minuten die abgelesene Zeit zu korrigieren ist. Es gibt sogar Spezialkonstruktionen, welche die Zeitgleichung berücksichtigen. Sie spielen jedoch keine große Rolle, da heutzutage Sonnenuhren ja nur noch eine romantische Dekoration in Parks oder an Kirchenwänden sind.

Das war jedoch nicht immer der Fall. In früheren Zeiten hatten Sonnenuhren eine überragende Bedeutung, sie waren die ersten brauchbaren Geräte zur Messung der Tageszeit und damit die Vorläufer der heutigen Kirchturm-, Armband- und Atomuhren! Die Geschichte der Sonnenuhr verliert sich im Dunkel der Vorzeit.

Schon die alten Babylonier kannten Sonnenuhren, auch in der Bibel sind sie im 38. Kapitel des Buches Jesaias erwähnt. Ihre Größe schwankte zwischen kleinen Taschensonnenuhren und wahren Monstren wie der Riesenuhr von Jaipur in Indien, deren Ziffernblatt einen Durchmesser von 30 m besitzt. Von den vielen Varianten dieses Zeitmeßgeräts sei nur noch eine besonders hervorgehoben: Eine Sonnenuhr aus dem 18. Jahrhundert trug

Die Sonnenuhr mit Mittagskanone entstand um 1750. Pünktlich um 12 Uhr fielen die Sonnenstrahlen durch das Brennglas auf das Zündloch der Kanone, deren Knall die Mittagszeit anzeigte.

eine Linse, welche die Sonnenstrahlen mittags auf die Pulverladung einer kleinen Kanone konzentrierte, so daß sich Punkt 12 Uhr ein Schuß löste.

Über Sonnenuhren gibt es eine umfangreiche Fachliteratur, insbesondere finden Bastler Bauanleitungen aller Schwierigkeitsgrade im Buchhandel.

Der vielleicht wichtigste Fortschritt in der Jahrtausende alten Geschichte der Zeitmessung war die Einführung mechanischer Räderuhren, die seit dem 12. Jahrhundert an Kirchtürmen zu finden sind. Sie besaßen als Antriebsvorrichtung Gewichte, die an einem Seil befestigt waren. Beim Sinken des Gewichts wickelte sich das Seil ab und drehte einen Zylinder, der mit Räderwerk und Zeiger gekoppelt war. Im 14. Jahrhundert hatten sich die mechanischen Turmuhren überall durchgesetzt. 1657 schließlich baute der Holländer Christian Huygens die erste Penduhr.

| Wie funktioniert eine Penduhr? |

Schon im Jahr 1583 hatte der große italienische Physiker Galilei erkannt, daß ein

Zeitenwende in der Zeitmessung: Sonnenuhr und mechanische Uhr mit Kalenderwerk.

Pendel für eine volle Schwingung (hin und zurück) immer die gleiche Zeit benötigt, also der ideale Taktgeber für eine Uhr ist. So kann man zum Beispiel Pendel herstellen, die genau in einer Sekunde einmal hin und her schwingen. Zählt eine Vorrichtung die Zahl der Schwingungen seit Ingangsetzen des Pendels, so weiß man, wie viele Sekunden seitdem vergangen sind. Wie kann man diese Grundidee nun praktisch umsetzen? Fast alle Pendeluhren sind folgendermaßen aufgebaut:

Bei dem auf dieser Seite abgebildeten Uhrwerk treibt ein Gewicht 1 mit Hilfe eines Seils über die Walze 2 das Räderwerk an. Dieses Gewicht liefert die Energie für die Uhr. Die Kraft wird über mehrere Radpaare auf das Hemmungsrad 3 übertragen. Der Ablauf des Uhrwerks wird durch das Zusammenspiel von Hemmungsrad 3 und Anker 4 gehemmt und durch das Pendel 5 gesteuert. Das Hemmungsrad kann sich nur dann weiterbewegen, wenn das Pendel den Anker in eine Position gebracht hat, daß er einen Hemmradzahn freigibt. Zugleich greift aber das andere Ende des Ankers in einen Zahnzwischenraum ein und begrenzt dadurch die Bewegung des Hemmungsrades 3 auf einen halben Zahnabstand. Während das Pendel nun zurückschwingt, drückt der Hemmradzahn auf den Anker und übt so über den Stiel 6 eine Kraft auf das Pendel aus. Diesem wird so ein kleiner Energiebetrag zugeführt, wodurch die immer auftretenden Reibungsverluste ausgeglichen werden. Dieses Spiel wiederholt sich nun bei jedem Hin- und Herschwingen des Pendels. Das Hemmungsrad bewegt sich also im Takt der Pendelschwingungen! Es ist über

Die Zahlen in der Abbildung sind im Text erläutert.

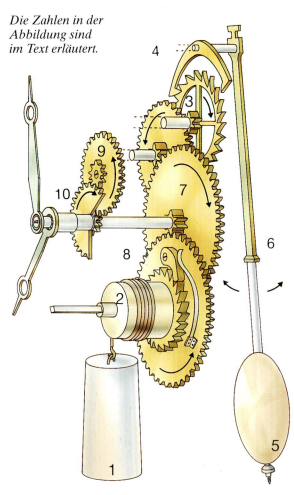

Bei der Pendeluhr ist ein Gewicht 1 der Energiespeicher, das Pendel 5 der Gangregler, ein Räderwerk die Übersetzung.

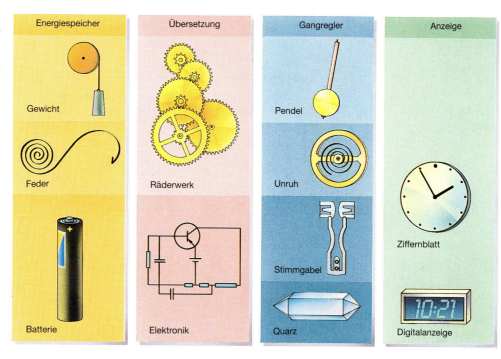

Die vier Hauptbestandteile moderner Uhren: Energiespeicher, Übersetzung, Gangregler und Anzeige.

mehrere Zahnräder mit dem Minutenrad 7 gekoppelt. Die Zwischenzahnräder sind so berechnet, daß sich das Minutenrad einmal pro Stunde dreht, also mit der Geschwindigkeit des großen Zeigers, der mit dem Minutenrad gekoppelt ist.

Schließlich sorgen die Zahnräder 8, 9 und 10 dafür, daß der kleine Zeiger 12mal langsamer läuft als der große. Die Zahnradkombination 8, 9 und 10 nennt man auch Zeigerwerk.

Zusammenfassend kann man sagen, daß die hier beschriebene einfache Pendeluhr ein Zählwerk für die Pendelschwingungen ist. Schwingt das Pendel einmal pro Sekunde hin und her, so haben nach einem vollen Umlauf des großen Zeigers 3600 Schwingungen stattgefunden. Es sind dann 3600 Sekunden oder 60 Minuten vergangen.

Welche wichtigen Teile findet man bei jeder Uhr?

Bei allen heute verwendeten modernen Uhren finden wir ein schwingungsfähiges System, auch **Gangregler** genannt, als Taktgeber. Das kann ein Pendel, die »Unruh« der Taschenuhren, eine Stimmgabel oder ein Quarzkristall sein. Auch die Schwingungen von Atomen und Molekülen werden als Taktgeber benutzt. Wichtig ist nur, daß die Schwingungsperiode des Gangreglers konstant ist. Ein weiteres wichtiges Bauelement jeder Uhr ist der **Energiespeicher**. Dem schwingungsfähigen System muß ja Energie zugeführt werden, um die unvermeidlichen Reibungsverluste auszugleichen. Man benutzt hierzu hochgezogene Gewichte, gespannte Federn oder elektrische Batterien.

Außerdem ist eine **Übersetzung** nötig, um die Energie des Speichers dem Schwingungssystem zuzuführen. Hierfür kommen Zahnradgetriebe oder elektronische Schaltungen in Frage. Schließlich ist noch eine Einrichtung erforderlich, welche die Zahl der Schwingungen zählt und in geeigneter Weise anzeigt. Die verschiedenen Zifferblätter und elektronischen Ablesevorrichtungen werden unter dem Sammelbegriff **Anzeige** zusammengefaßt. Die sogenannte digitale Anzeige wie zum Beispiel 12:45 oder 23:18 verdrängt dabei mehr und mehr die »analoge« Anzeige, die wir auf den seit Jahrhunderten verwendeten Zifferblättern finden.

Was ist eine Quarzuhr?

Wir hatten bereits Uhren mit Pendeln als Gangregler oder Taktgeber kennengelernt. In Armband- oder Taschenuhren kann man keine Pendel anbringen. Hier dient als Gangregler häufig die »Unruh«, ein kleines Schwungrad, das mit einer spiralig oder schraubenförmig gebogenen Feder verbunden ist. Diese Unruh schwingt gewöhnlich 5mal pro Sekunde hin und her, man sagt dann, sie habe eine Frequenz von 5 Hertz. Moderne Uhren haben noch viel schnellere Gangregler. Da gibt es zum Beispiel kleine Stimmgabeln, die eine Frequenz von 360 Hertz haben, also in der Sekunde 360mal schwingen.

Noch viel höhere Frequenzen haben die Quarzuhren. Bei ihnen dient ein schwingender Quarzkristall als Taktgeber. In modernen Armbanduhren werden meist Quarzplättchen verwendet, die 32 768mal pro Sekunde schwingen, also eine Frequenz von 32 768 Hertz besitzen. Die von solchen Schwingquarzen gesteuerten Uhren haben Ganggenauigkeiten, welche diejenigen der besten mechanischen Zeitmeßgeräte weit in den Schatten stellen.

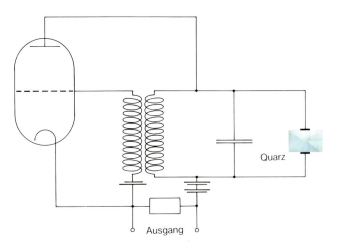

Prinzip der Quarzuhr: Die Frequenz eines elektromagnetischen Schwingkreises wird durch einen schwingenden Quarz konstant gehalten.

Abweichungen von nur 1 Sekunde in 30 Jahren können im Labor unter guten Bedingungen erreicht werden.

Bei allen Quarzuhren steuert der schwingende Quarzkristall die Frequenz eines elektrischen Schwingkreises und hält diese konstant. Die völlig gleichmäßigen elektromagnetischen Schwingungen werden von der Uhr »gezählt« und in eine Zeitanzeige umgesetzt. Allerdings altern Quarzkristalle nach einer gewissen Zeit, worunter die Genauigkeit der Uhr früher oder später leidet.

Uhren mit Zifferblatt und Zeiger nennt man Analoguhren (von griech. analog = entsprechend). Die Zeit wird nicht direkt, sondern über ein Skalensystem, das Zifferblatt, abgelesen.

Uhren, bei denen die Zeitangabe nicht mit einem Zifferblatt und einem oder mehreren Zeigern sondern durch Zahlen erfolgt, nennt man Digitaluhren (von engl. digit = Ziffer).

Viele Jahrhunderte lang war die rotierende Erde die genaueste »Uhr«. Wir hatten gesehen, daß jede Uhr einen periodischen Vorgang wie zum Beispiel eine Pendelschwingung benötigt. Die Schwingungsperiode muß dabei so konstant wie möglich sein, damit die Uhr nicht falsch geht. Noch in den ersten Jahrzehnten des 20. Jahrhunderts war die Erdrotation der mit Abstand genaueste periodische Vorgang und damit Grundlage der Zeitmessung. Mit Aufkommen der ersten großen Quarzuhren merkte man, daß die Erduhr gar nicht ganz genau geht. Einerseits steigt die Rotationszeit durch die Gezeitenreibung langsam an. In 100 Jahren wird eine Erdrotation 0,00164 Sekunden länger dauern als heute. Andererseits dreht sich die Erde einmal etwas schneller, dann wieder langsamer, so daß sich die einzelnen Tageslängen um 0,001 Sekunden unterscheiden können. Heute hat die Erddrehung als Zeitstandard ausgedient. An ihre Stelle sind Atome getreten, deren »Schwingungen« als Gangregler für sogenannte Atomuhren dienen.

Wie funktioniert eine Atomuhr?

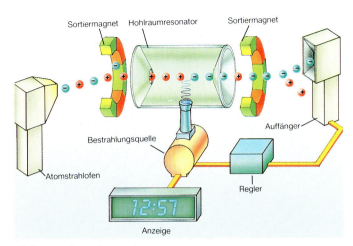

Schema einer Atomuhr.

Cäsiumatome können in verschiedenen Energiezuständen vorkommen. Die beiden uns hier interessierenden Zustände wollen wir der Einfachheit halber + und − nennen. Gehen die Atome von + auf − über, so senden sie eine elektromagnetische Strahlung mit der Frequenz 9 192 631 770 Hertz aus. Diese Frequenz ist ein völlig konstanter periodischer Vorgang und dient als Gangregler der Atomuhren. Diese arbeiten nach folgendem

Die beiden Atomuhren der Physikalisch-Technischen Bundesanstalt in Braunschweig.

37

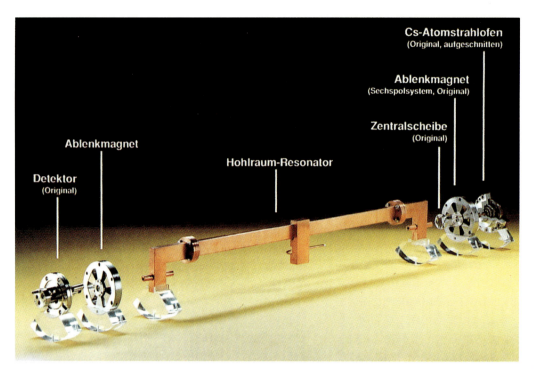

Wichtige Teile einer Atomuhr.

Prinzip: Die Cäsiumatome werden zunächst in einem Ofen verdampft. Der hinter dem Ofen liegende Sortiermagnet läßt nur Atome im (+)Zustand in einen sogenannten Hohlraumresonator, in dem viele von ihnen durch Bestrahlung mit einem Mikrowellenfeld gezwungen werden, in den (−)Zustand überzugehen. Durch einen zweiten Magneten werden diejenigen Atome, die von + nach − übergegangen sind, in eine Auffangvorrichtung gelenkt. Ihre Zahl ist am größten, wenn die Frequenz des Mikrowellenfeldes die Cäsiumfrequenz 9 192 631 770 Hertz hat. Ändert sich die Mikrowellenfrequenz ein wenig, so nimmt sofort die Zahl der (−) Atome im Auffänger ab. Dies »merkt« eine elektronische Regelung und sorgt dafür, daß die Frequenz der Mikrowellenstrahlung wieder den Wert 9 192 631 770 Hertz annimmt. Anders ausgedrückt: Die Elektronik sorgt dafür, daß die Mikrowellenfrequenz konstant bleibt.

Wir haben hier also das Ziel erreicht, von dem alle Konstrukteure von Zeitmeßgeräten immer geträumt hatten, nämlich einen völlig konstanten periodischen Vorgang in Form einer Frequenz von 9 192 631 770 Hertz. Sie ist der Gangregler der Atomuhren.

Die beiden Zustände + und − nennen die Physiker die »Hyperfeinstrukturniveaus des Grundzustandes des Atoms mit dem Kern Cäsium 133« (^{133}Cs).

Entsprechend ist auf Grund internationaler Vereinbarung die Sekunde als Zeiteinheit folgendermaßen definiert:

Die Sekunde ist das 9 192 631 770fache der Periodendauer der dem Übergang zwischen den beiden Hyperfeinstrukturniveaus des Grundzustandes des Atoms des Nuklids ^{133}Cs entsprechenden Strahlung. Natürlich ist es auch möglich, für genaue Uhren die Schwingungen anderer Atome und Moleküle zu verwenden.

Wer legt die genaue Uhrzeit fest?

Die Physikalisch-Technische Bundesanstalt (PTB) in Braunschweig und Berlin ist durch das Zeitgesetz von 1978 damit beauftragt, die für das öffentliche Leben in Deutschland maßgebende Uhrzeit anzugeben. Hierfür hat die PTB zwei hochgenaue Cäsium-Atomuhren gebaut. Sie gehören zu den genauesten Uhren der Welt und würden nach einer Million Jahren um höchstens eine Sekunde voneinander abweichen.

Jeder kann die PTB-Zeit nutzen, wenn er den Langwellensender DCF77 empfängt. Dieser Sender in der Nähe von Frankfurt am Main verbreitet die PTB-Zeit im Dauerbetrieb. Das Zeitgesetz bezeichnet diese Tätigkeit als »Darstellung und Verbreitung der gesetzlichen Zeit«. Funkuhren lassen sich mit Hilfe der von DCF77 ausgesendeten Zeitsignale genauer als eine Millisekunde in Übereinstimmung mit der gesetzlichen Zeit halten. Die Zeitangaben der Rundfunk- und Fernsehanstalten, aber auch die Uhren von Post und Bahn werden von DCF77 gesteuert. Ähnliches gilt für viele andere öffentliche Einrichtungen. In Industrie und Wissenschaft werden mit den Zeitsignalen der PTB komplizierte Prozeßabläufe gesteuert und überwacht. Es gibt aber auch private Funkuhren für den Hausgebrauch.

Die Zeiteinheit Sekunde des internationalen Einheitensystems wurde 1967 wie schon besprochen auf der Basis der Cäsium-Atomschwingungen neu festgelegt. Weltweit wurde eine Atomzeitskala eingeführt, welche die aus astronomischen

Der Sender DCF77. Er steuert die Zeitangaben der Funk- und Fernsehanstalten und die Uhren der Bahn.

Beobachtungen gewonnene »Weltzeit« ablöste. Diese Weltzeit nannte man auch »Greenwich mean Time«. Die jetzt gültige Zeitskala heißt UTC (Universal Time Coordinated). Schaltsekunden, welche durchschnittlich einmal pro Jahr in die UTC-Skala eingefügt werden, bewirken, daß die UTC nie mehr als eine Sekunde von der alten, vom Stand der Sonne gegebenen Zeit abweicht.

Wir hatten ganz am Anfang dieses Kapitels

Wie alt ist der Mond?

gesehen, daß man früher Wasseruhren benutzte, welche aus langsam auslaufenden Gefäßen bestanden. Aus der Menge des schon ausgelaufenen Wassers und der noch verbliebenen Wassermenge konnte man die Zeit bestimmen, die nach

Nach einer Halbwertszeit ist nur noch die Hälfte, nach zwei Halbwertszeiten noch ein Viertel der ursprünglichen Uranatome vorhanden.

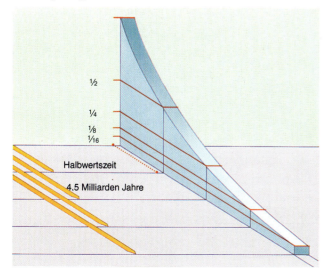

Von den amerikanischen Apollo-Astronatuen mitgebrachtes Mondgestein – rund vier Milliarden Jahre alt.

Beginn des Auslaufens, also dem »Stellen« der Wasseruhr, vergangen war.
Nun gibt es in der Natur Atome, deren Kerne unter Aussendung radioaktiver Strahlung nach ganz bestimmten Gesetzen zerfallen. Uranatome der Sorte U-238 zum Beispiel haben eine »Halbwertzeit« von 4,5 Milliarden Jahren. Das bedeutet folgendes: Von 2 Milliarden Uranatomkernen ist nach 4,5 Milliarden Jahren 1 Milliarde über verschiedene Zwischenstufen zu Blei zerfallen. Untersucht man nun einen alten uranhaltigen Stein, so kann man aus der Menge des noch vorhandenen Urans und aus der des schon gebildeten Bleis bestimmen, wie alt der Stein ist. Ist das Verhältnis Uran/Blei 1:1, so ist das Gestein rund 4,5 Milliarden Jahre alt. Es ist wie bei unserer Wasseruhr: Die Menge des noch vorhandenen Urans ist ein Zeitmaß wie die Menge des noch im Gefäß verbliebenen Wassers!

Man konnte mit dieser besonderen Art von »Atomuhren« feststellen, daß die ältesten Gesteine der Erde rund 3,5 Milliarden Jahre alt sind. Ganz ähnliche Werte fand man für die Mondsteine, welche die amerikanischen Astronauten mitbrachten. Ihr Alter liegt durchschnittlich bei 3,8 Milliarden Jahren. Das war natürlich eine ganz ausgezeichnete Bestätigung der Theorie, daß Erde und Mond etwa gleich alt sind. Man schätzt ihr gemeinsames Alter auf rund 4,5 Milliarden Jahre, da sie vor der Bildung von Steinen ja noch eine glutflüssige Phase hatten. Auch die ältesten Meteorite, die ja aus verschiedenen Teilen unseres Sonnensystems stammen, haben ein ähnliches Alter wie Erde und Mond. So konnte man dank der zerfallenden Atome nachweisen, daß wahrscheinlich alle Mitglieder des Sonnensystems etwa gleichzeitig entstanden sind. Viel älter als 10 Milliarden Jahre können Erde und Mond übrigens gar nicht sein, da der Brennstoff der Sonne begrenzt ist. Unser Tagesge-

Eine Galaxie mit über 100 Milliarden Sternen und vielleicht Billionen von Planeten. Es gibt Milliarden dieser großen Weltinseln.

stirn kann maximal 11 Milliarden Jahre lang leuchten, dann ist sein atomarer Ofen ausgebrannt.

Die meisten Wissenschaftler nehmen an,

Wann entstand das Weltall?

daß das gesamte Universum einmal entstanden ist, also nicht seit ewigen Zeiten existiert. Man kann nämlich zeigen, daß sich das Weltall ausdehnt oder expandiert. Die riesigen Weltinseln, die man Milchstraßensysteme oder Galaxien nennt, entfernen sich voneinander. Je größer die Entfernung zweier Galaxien ist, um so schneller rasen sie auseinander. Unser ganzes Bild vom Universum erinnert entfernt an Bruchstücke einer Granate, die nach einer Explosion in alle Richtungen weggeschleudert werden. Wenn sich die Galaxien aber voneinander entfernen, so müssen sie früher einen kleineren Abstand gehabt haben. Man kann, wenn man ihre Entfernungen und Geschwindigkeiten kennt, überschlagsmäßig ausrechnen, wann die Expansion oder Ausdehnung ungefähr begonnen haben muß und kommt auf ein Weltalter von rund 10–20 Milliarden Jahren. Diese Ungenauigkeit kommt daher, daß wir weder die gegenseitige Abbremsung noch die Geschwindigkeiten und Entfernungen genau kennen. Aber eines ist sicher: Das Weltall muß vor 10–20 Milliarden Jahren einen Anfang gehabt haben, den man wegen des Vergleichs mit einer Explosion »Urknall« nennt. Allerdings ist dieser Vergleich nicht sehr gut, da sich die Materie nicht in einen schon vorhandenen Raum ausdehnte, sondern Raum und Zeit erst mit diesem Anfangsereignis entstanden sein sollen.

Wichtig für unser Thema ist jedoch die Tatsache, daß die längste Zeitspanne, die es gibt, rund 20 Milliarden Jahre lang ist. Auf der anderen Seite können die Physiker heute extrem kurze Zeiten messen. Mit elektronischen Messungen kommt man auf Zehnmilliardstel-, bei der Beobachtung von Elementarteilchen auf Zehnbillionstelsekunden. Die kürzeste Zeit, die von den Kernphysikern indirekt gemessen wurde, beträgt etwa 10^{-22} Sekunden. Das ist 1/10 000 000 000 000 000 000 000
Sekunde! Die allerkürzeste Zeitspanne, die auf Grund der Naturgesetze vorkommen kann, ist noch kleiner und beträgt 10^{-43} Sekunden.

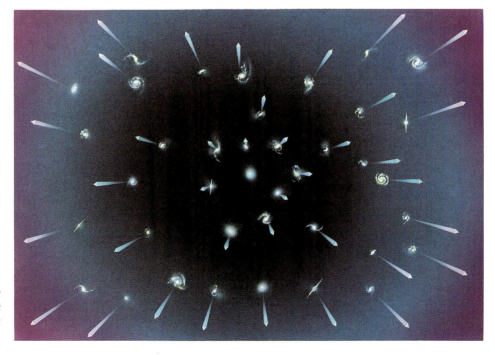

Das Weltall dehnt sich aus. Die Galaxien entfernen sich voneinander.

Zeitempfinden und Relativität

Haben wir eine innere Uhr?

Ein normaler Mensch schläft nachts etwa 8 Stunden, danach ist er 16 Stunden wach. Dieser 24-Stunden-Rhythmus ist von vielen periodischen Veränderungen im Organismus begleitet. Unsere Körpertemperatur steigt tagsüber an, erreicht abends einen Höchstwert und am frühen Morgen, wenn wir noch schlafen, ein Minimum. Wenn man aufwacht, erreicht der Cortisol-Spiegel im Blut einen Höchstwert. Dieses Hormon ist für die Bereitstellung von Energie verantwortlich, die für den Tagesbeginn erforderlich ist. Die meisten Menschen haben einen Leistungsgipfel am späten Vormittag, sowie einen zweiten kleineren am Nachmittag. Das dazwischenliegende Tief tritt auch dann ein, wenn das Mittagessen ausfällt, es ist sozusagen einprogrammiert. In den Nachtstunden sinkt die gesamte Leistungsfähigkeit des Menschen ab. Das gilt für die Muskelkraft, aber auch für das Reaktionsvermögen und die geistigen Fähigkeiten. Man könnte noch viele andere Beispiele nennen. Wichtig ist nur, daß alle unsere Organe einem 24-Stunden-Rhythmus folgen.

Damit ist aber noch nicht bewiesen, daß wir wirklich eine echte innere Uhr haben, die unabhängig vom äußeren Geschehen den Körper steuert. Es könnte ja auch sein, daß der Mensch nur passiv auf den Wechsel von Tag und Nacht reagiert. Was geschieht aber, wenn man diesen Reizen nicht mehr ausgesetzt ist?

Um diese Frage zu beantworten, wurden immer wieder Freiwillige wochenlang in unterirdischen Wohnungen untergebracht. Die Versuchspersonen konnten nicht sehen, ob gerade die Sonne scheint, sie besaßen keine Uhr und mußten auf Radio und Fernsehen verzichten. Im übrigen hatten sie aber ein angenehmes Leben und konnten lesen, Musik hören, ihr Essen zubereiten und schlafen gehen, wann immer sie wollten. Die Ergebnisse dieser Versuchsreihen waren teilweise überraschend:

Zwar blieben alle periodischen Prozesse erhalten, auch der Wechsel zwischen $2/3$ Wachzeit und $1/3$ Schlafzeit. Das wichtigste Resultat aber war, daß Schlaf- und Wachzeit zusammen nicht wie erwartet 24 Stunden, sondern etwa 25 Stunden ergaben! Die von der Umwelt isolierten Versuchspersonen standen jeden Tag eine Stunde später auf und gingen auch eine Stunde später zu Bett. Trotz einiger Abweichungen, auf die hier nicht eingegangen werden kann, zeigten die immer wieder durchgeführten Versuche mit unterirdisch untergebrachten Freiwilligen, daß wir eine innere oder »physiologische Uhr« haben, die aber, wenn sie nicht täglich durch das Erlebnis von Tag und Nacht korrigiert wird, etwas langsamer als erwartet läuft. Der 24-Stunden-Tag mit seinem Wechsel vom Licht zur Dunkelheit und seinen sozialen Signalen zwingt dieser inneren Uhr jedoch einen 24-Stunden-Rhythmus auf.

Jeder Mensch hat sein eigenes Zeitempfinden. In schnellen Raumschiffen und großen Schwerefeldern läuft die Zeit anders als bei uns.

Wann ist die Hälfte des Lebens vorbei?

So genau wir heute bestimmte Zeitabschnitte messen können, so ungleich werden sie von uns erlebt und empfunden. Eine Minute beim Zahnarzt erscheint uns länger, als eine Minute, in der wir einen Film ansehen oder Geburtstag feiern. Wie schnell vergeht für einen Erwachsenen eine Woche, wie lange dauert sie für das Zeitgefühl eines Kleinkindes! Amerikanische Psychologen haben mit Hilfe vieler Versuchspersonen herausgefunden, daß älteren Menschen die ersten 18 Jahre ihres Lebens genau so lange erscheinen wie der Rest. Egal ob die Befragten 50, 60 oder 70 Jahre alt waren, stets erschien ihnen ihr 18. Geburtstag als Lebensmitte, obwohl diese doch bei 25, 30 oder 35 Jahren lag.

Auch die vorher erwähnten Freiwilligen in den unterirdischen Wohnungen hatten Schwierigkeiten mit dem Zeitempfinden. Ihr 25-Stunden-Tag erschien ihnen so lange wie den anderen Menschen 24 Stunden. Eine der Versuchspersonen, ein junger Techniker, hatte eine besonders merk-

Für ältere Menschen liegt die gefühlsmäßige Mitte des Lebens etwa bei 18 Jahren.

würdige innere Uhr. Nach einiger Zeit entwickelte er abweichend von der großen Mehrheit einen Fünfzigstunden-Rhythmus. Er war 33 Stunden wach und schlief dann ohne große Unterbrechungen 17 Stunden. Nach einer Versuchszeit von 30 Tagen war er überzeugt, nur 15 Tage unter der Erde verbracht zu haben. Für sein Empfinden waren 50 Stunden etwa so lange wie für uns »Oberirdische« 24!

Die psychologische Forschung kennt unzählige weitere Beispiele dafür, daß uns Menschen gleiche Zeitabschnitte in der Gegenwart oder in der Erinnerung verschieden lang erscheinen.

Auch Pflanzen und Tiere haben innere Uhren, deren Perioden sich nach 4 in der Natur vorkommenden Rhythmen richten können. Drei davon haben wir schon kennengelernt: Tag, Monat und Jahr. Dazu kommen noch die regelmäßig wiederkehrenden Gezeiten der Meere. Aber auch bei von der Außenwelt isolierten Tieren hat man festgestellt, daß sich ihre inneren Uhren nicht genau nach den astronomischen Ereignissen richten. Das ist wie beim Menschen nur der Fall, wenn die Tiere in Kontakt mit der Natur bleiben können.

Haben auch Tiere eine innere Uhr?

Vögel im Dienste der Wissenschaft. Auch sie haben eine innere Uhr.

Vögel wie zum Beispiel Stare und Grasmücken haben innere Uhren, die sich nach dem Tag, aber auch nach dem Jahreslauf richten. Man hat zum Beispiel Versuche durchgeführt, bei denen Vögel in einem Labor dem Einfluß der Jahreszeiten völlig entzogen waren. Sie lebten jeweils 12 Stunden bei Licht und dann wieder 12 Stunden in Dunkelheit. Es gab für sie also keine langen Sommertage und Winternächte. Trotzdem zeigten die Stare und Grasmücken wie ihre freilebenden Artgenossen mit großer Regelmäßigkeit Brutbereitschaft und Fortpflanzungsunruhe, mauserten regelmäßig ihr Gefieder und wollten zweimal jährlich nach Norden oder Süden ziehen. Allerdings – auch hier wich die innere Uhr vom astronomischen Vorbild ab. Sie pendelte sich auf eine Periode von rund 10 Monaten ein, hatte also nicht den 12-Monats-Rhythmus der in Freiheit lebenden Vögel.

Gehen Uhren in einem schnellen Raumschiff langsamer?

Obwohl die Zeit auf der ganzen Welt immer gleich schnell abläuft, empfindet jeder von uns eine Minute oder eine Woche je nach Lebenssituation verschieden lang. Diese Tatsache war schon unseren Vorfahren im Altertum bekannt. Aber bis zum Beginn des 20. Jahrhunderts war man überzeugt, daß die Zeit selbst vom Beobachter unabhängig ist. Der sogenannte klare Menschenverstand sagt uns, daß eine Sekunde, die ein Astronaut in einem sehr schnellen Raumschiff oder in einem sehr großen Schwerefeld erlebt, auch für uns auf der Erde eine Sekunde ist. Der große Physiker Albert Einstein hat in seiner inzwischen vielfach bewiesenen Relativitätstheorie gezeigt, daß bei sehr hohen Geschwindigkeiten und in der Nähe großer Massen unser Vorstellungsvermögen und der schon erwähnte klare Menschenverstand völlig versagen. So gehen zum Beispiel Uhren, die sich sehr schnell in einem

Nach der speziellen Relativitätstheorie laufen von uns aus gesehen die Uhren in schnellen Raumschiffen langsamer. Diese Zeitdilatation ist heute vielfach bewiesen.

gedachten Superraumschiff an uns vorbeibewegen, für irdische Beobachter langsamer als völlig baugleiche Uhren auf der Erde. Rast das Raumschiff zum Beispiel mit 99,9 % der Lichtgeschwindigkeit an uns vorbei, so vergehen auf der Erde rund 22 Sekunden, wenn der Zeiger im Raumfahrzeug um eine Sekunde vorrückt. Die Uhr dort geht für den praktisch ruhenden irdischen Beobachter 22mal langsamer als völlig identische, baugleiche Uhren auf unserem Planeten!

Diese »relativistische« Zeitverlangsamung blieb lange unentdeckt, da sie sich erst bei Geschwindigkeiten auswirkt, die nahe der Lichtgeschwindigkeit liegen. Diese beträgt rund 300 000 km/s. Heute ist es sehr einfach, diesen Effekt mit sehr schnellen Teilchen zu beweisen, die von sich aus gesehen eine Lebensdauer von 1 Mikrosekunde haben, für uns aber 80 Mikrosekunden leben. Ihre »Uhr« geht für irdische Beobachter 80mal langsamer als Uhren auf der Erdoberfläche!

Ob man sich allerdings je mit Raumschiffen der Lichtgeschwindigkeit nähern wird, kann beim heutigen Stand der Technik niemand sagen. Die hier nur angedeuteten Experimente sind in Band 79 der WAS IST WAS-Reihe, »Moderne Physik«, ausführlich beschrieben.

| Kann ich das Jahr 4000 erleben? |

Ein Mensch wird etwa 70, wenn es hoch kommt 100 Jahre alt. Trotzdem könnte er, wenn er in einem sehr schnellen Raumschiff eine Rundreise unternehmen würde, das Jahr 4000 auf der Erde erleben. Allerdings müßte er 99,94 % der Lichtgeschwindigkeit erreichen, was technisch weit außerhalb unserer Möglichkeiten liegt. Nach Einstein vergehen auf der Erde dann rund 2000 Jahre, wenn im Raumschiff 70 Jahre ablaufen. Wenn der Astronaut beim Start im Jahre 2000 20 Jahre alt wäre, dann hätte er bei Ankunft im Jahre 4000 das 90. Lebensjahr erreicht. Er wäre von sich aus gesehen um 70 Jahre gealtert, während auf unserem Planeten 2 volle Jahrtausende vergangen sind. Man sieht, es gibt keine absolute, für alle Orte im Weltall gleiche Zeit, sie ist relativ, also vom Beobachter abhängig.

Bei einer etwas geringeren Geschwindigkeit des Raumschiffs könnte ein dreißigjähriger Astronaut, der von sich aus gesehen 10 Jahre unterwegs war, nach der Rückkehr seinen Zwillingsbruder begrüßen, der auf der Erde sein Leben schon fast hinter sich hätte und ein 90jähriger Greis wäre.

Dieses sogenannte Zwillingsparadoxon hat lange Jahre hindurch die Gemüter bewegt. Heute kann man es mit Hilfe von Elementarteilchen wie Myonen leicht beweisen. Lassen wir solche Myonen mit 99,94 % der Lichtgeschwindigkeit kreisen, also »Rundreisen« machen, so lebt für uns Außenstehende so ein Teilchen 44 Mikrosekunden, obwohl es, von sich aus gesehen, nur eine Lebensdauer von 1,5 Mikrosekunden hat. Sein Dasein erscheint uns verlängert, genauso wie der rund 70jährige Lebensabschnitt des vorher beschriebenen Astronauten für den ruhenden Beobachter auf der Erde zwei Jahrtausende dauert.

Ein Raumfahrer in einem sehr schnellen Raumschiff altert langsamer als sein auf der Erde verbliebener Zwillingsbruder.

In der Nähe eines Schwarzen Lochs gehen die Uhren von uns aus gesehen langsamer.

Jeder kennt die Schwerkraft der Erde, die uns und alle Gegenstände anzieht, so daß wir nicht zu hoch springen und auch nicht sehr weit werfen können. Ohne diese Anziehungskraft hätten wir kein Gewicht, keine Schwere. Der Physiker sagt, wir befinden uns im Schwerefeld der Erde.

Schenkt mir ein Schwarzes Loch das ewige Leben?

Nun gibt es Himmelskörper, auf deren Oberfläche riesige Schwerefelder und Anziehungskräfte herrschen. Zu ihnen gehören superdichte Sternreste wie Weiße Zwerge und Neutronensterne. Ein noch größeres Schwerefeld würde man in der Nähe Schwarzer Löcher vorfinden. Das sind Himmelskörper, die eine so große Anziehungskraft haben, daß sie nicht einmal ihr Licht weglassen, also nicht leuchten, sondern schwarz sind.

In seiner allgemeinen Relativitätstheorie hat uns Einstein gezeigt, daß nicht nur in schnellen Raumschiffen, sondern auch in großen Schwerefeldern die Uhren langsamer gehen. Wäre ein Raumfahrer in der Nähe eines Schwarzen Lochs mit seinem riesigen Schwerefeld, so würde er für uns ganz langsam altern. Nach 4 Wochen Bordzeit wären, um ein Beispiel zu wählen, auf der Erde 80 Jahre vergangen, alle Freunde des Raumfahrers wären gestorben. Könnte der Astronaut von sich aus gesehen 10 Jahre in der Nähe des exotischen Himmelskörpers bleiben, so würden auf unserem Planeten etwa 10 000 Jahre vergehen. Trotzdem könnte das Schwarze Loch dem Raumfahrer nicht das ewige Leben schenken. Selbst wenn man einmal davon absieht, daß man in einem so gewaltigen Schwerefeld nicht existieren könnte, der Astronaut würde die 10 Jahre im Raumschiff als 10 und nicht als 10 000 Jahre erleben. Die Zeit ist, wie wir gesehen haben, relativ, also vom Beobachter abhängig. Erdzeit und Bordzeit unterscheiden sich, und für den Raumfahrer gilt die Bordzeit! Auch die Zeitverlangsamung in großen Schwerefeldern kann man heute leicht nachweisen. Genaue Atomuhren zum Beispiel gehen in einem 10 000 m hohen Flugzeug schneller als baugleiche Uhren am Erdboden, wo das Schwerefeld etwas größer ist als weiter oben.

Gab es einen Anfang der Zeit?

Wir hatten bereits an zwei Beispielen gesehen, daß die Zeit relativ ist. Es gibt also keine absolute, für alle Beobachter gleiche Zeit, in der das Weltgeschehen abläuft. Viele Wissenschaftler nehmen sogar an, daß es das, was wir Zeit nennen, nicht immer gab. Uhren, die sich fast mit Lichtgeschwindigkeit bewegen, gehen extrem langsam. Allerdings können sie, wie alle Dinge, die aus Materie bestehen, diese Grenzgeschwindigkeit nie erreichen. Die »Uhren« von Lichtteilchen oder -quanten, die nicht aus Materie bestehen und sich genau mit Lichtgeschwindigkeit bewegen, stehen sogar völlig still. Für Lichtteilchen gibt es im Gegensatz zu Materieteilchen und Raumschiffen keine Zeit. Der Begriff »Zeit« ist nur sinnvoll, wenn es Materie gibt. Wenn sich diese aber erst mit dem Urknall gebildet hat, dann ist auch die Zeit erst bei diesem Anfangsereignis entstanden. So merkwürdig es klingt, die Zeit hatte wahrscheinlich einen Anfang. Es gibt einen Zeitpunkt, nämlich den Urknall, vor dem kein »Vorher« existiert.

Der Urknall – die Geburt von Materie, Raum und Zeit.

Gibt es ein Ende der Zeit?

Niemand weiß, ob das expandierende Weltall einmal zum Stillstand kommt oder sich »in alle Ewigkeit« ausdehnt. Vielleicht beginnt es irgendwann, wieder in sich zusammenzustürzen. Die Materie wird dann immer konzentrierter. Schließlich bildet sich ein Schwarzes Loch, in dem die Materie unendlich konzentriert ist. Dann wäre aber auch das Schwerefeld unendlich groß und die Zeit würde unendlich langsam laufen, also nicht mehr existieren.

Es kann aber auch sein, daß sich das Weltall immer weiter ausdehnt und verdünnt. Viele Physiker nehmen allerdings an, daß irgendwann einmal alle Materie zerfällt. Es würde dann nur noch Lichtteilchen geben, die nicht aus Materie bestehen und für die es keine Zeit gibt. Der Zerfall des letzten Materieteilchens würde dann auch das Ende der Zeit bedeuten.

So unvorstellbar es klingt: Die Zeit, die früher über der Physik und dem Weltgeschehen zu stehen schien, ist eine untergeordnete Größe und hat wahrscheinlich Anfang und Ende. Sie kam mit dem Weltall und wird mit diesem wieder verschwinden.

     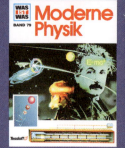
  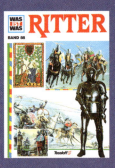